从零开始学

从零开始学
新媒体美工设计

王　颖◎编著

清华大学出版社
北京

内容简介

本书是一本关于新媒体美工设计的工具书，全书共 12 章，内容包括新媒体美工设计入门、设计知识、工具掌握和设计实例 4 个大的部分。通过对本书的学习，可以让零基础的读者快速上手并掌握新媒体美工设计的各种必备知识和操作。

本书内容全面，案例丰富，并结合大量的图示和操作配图进行图解化讲解，尽量降低读者的学习难度，并且所有配图均具有非常高的观赏性和借鉴意义，因此不仅适合零基础的读者快速入门，也非常适合有一定新媒体美工从业经验和相关工作经验的设计人员阅读。

图书在版编目 (CIP) 数据

从零开始学新媒体美工设计 / 王颖编著 . —北京：清华大学出版社，2021.3(2025.7重印)
（从零开始学）
ISBN 978-7-302-57457-6

Ⅰ . ①从… Ⅱ . ①王… Ⅲ . ①网络广告—广告设计 Ⅳ . ① F713.852

中国版本图书馆 CIP 数据核字（2021）第 022629 号

责任编辑：李玉萍
封面设计：李　坤
责任校对：张彦彬
责任印制：杨　艳

出版发行：清华大学出版社
　　　　网　　　址：https://www.tup.com.cn, https://www.wqxuetang.com
　　　　地　　　址：北京清华大学学研大厦 A 座　　　　邮　　编：100084
　　　　社 总 机：010-83470000　　　　　　　　　　邮　　购：010-62786544
　　　　投稿与读者服务：010-62776969，c-service@tup.tsinghua.edu.cn
　　　　质 量 反 馈：010-62772015，zhiliang@tup.tsinghua.edu.cn
印 装 者：三河市君旺印务有限公司
经　　销：全国新华书店
开　　本：170mm×240mm　　　印　　张：20.25　　　字　　数：324 千字
版　　次：2021 年 4 月第 1 版　　　　　　　　　印　　次：2025 年 7 月第 3 次印刷
定　　价：59.00 元

产品编号：087132-01

前 言

▶ **编写目的**

在移动互联网时代，"新媒体"一词对于人们来说已耳熟能详。那么，什么是新媒体呢？

新媒体是相对于报刊、电视、广播等传统媒体而言的新的媒体形态，是基于移动互联网，面向客户提供信息和娱乐的一种传播形态，也是未来几年信息传播的大趋势。

新媒体因其营销速度快、互动性强、成本低、内容丰富、信息量大的特点，已经成为各行业企业、个人进行公关、推广品牌、宣传产品、引流增粉的一种重要渠道和方法。

在新媒体运营过程中，新媒体美工设计具有至关重要的作用。它主要是对传播载体进行美化，优化视觉信息的呈现，使其给观看者提供更加舒适的视觉体验，从而达到更好的营销效果。

新媒体美工设计通常是以视觉传达为主要的表现形式，这就要求新媒体美工设计人员掌握必要的平面设计知识。但是，在社会物质文明和精神文明快速发展的今天，人们对生活品质的要求和对艺术审美的需求正在逐渐提高，需求越来越丰富，趣味也更趋向多元化。因此，要做好新媒体美工设计，最重要的就是创意和创新，这就对新媒体美工人员提出了更高的要求。

为了帮助有实际需求的新媒体设计人员更好地设计出时尚、精美、符合需求的新媒体营销作品，从而策划了本书。

本书由浅入深地讲解了新媒体美工设计的方法和技巧，具有以下特点。

特　点	说　明
内容全面 实用性强	本书内容全面完善，详细讲解了新媒体美工设计需要掌握的基本设计方法和具体的工具使用操作，包括新媒体美工设计的配色、版式设计、图片应用、字体规划、文案编排、视觉呈现、PS工具的使用以及H5界面的设计与制作等
通俗易懂 案例解析	本书内容通俗易懂，运用"理论知识＋案例解析＋操作演示"的方式进行讲解，并且在最后安排了新媒体美工设计的实战案例，覆盖微博、朋友圈、公众号、小程序、今日头条、一点资讯、腾讯直播、快手、喜马拉雅等新媒体平台，旨在帮助读者快速上手实操
栏目提示 学以致用	本书提供了"小贴士"板块进行补充说明，以帮助读者掌握更多设计技巧，拓展新媒体的知识深度和广度

▶ 本书结构

本书共 12 章，包括新媒体美工设计入门、新媒体美工设计知识、新媒体美工工具掌握、新媒体美工设计实例 4 个部分，具体内容如下。

内容介绍	主要内容
新媒体美工设计入门	该部分为本书的第 1 章，主要介绍了新媒体美工设计基础快速入门的知识，包括了解新媒体美工行业、了解新媒体设计中的构成要素以及新媒体设计工具总览。通过学习，可以让零基础的读者快速入门
新媒体美工设计知识	该部分为本书的第 2~7 章，主要介绍了新媒体美工设计涉及的平面设计知识，包括美工设计应会的配色知识、高格调的版式效果设计方法、图片的应用与搭配技巧、设计中的字体规划问题、新媒体文案设计与编排技巧、信息的视觉化呈现，通过学习，可以让读者了解并掌握新媒体美工设计中的平面设计内容，快速制作出具有设计感的时尚作品
新媒体美工工具掌握	该部分为本书的第 8~9 章，主要介绍了新媒体美工设计中使用的工具，包括 Photoshop 图像处理软件实操以及 H5 界面设计与制作方法。通过学习，可以让读者快速掌握最基本的新媒体美工设计工具，零基础学美工设计轻松上手
新媒体美工设计实例	该部分为本书的第 10~12 章，主要从实战应用的角度综合介绍新媒体美工设计的相关操作。具体包括网络互动平台设计实例、资讯与微商平台设计实例、直播视听平台设计实例。通过学习，可以让读者真实感受到新媒体美工设计工作的实际内容与相关操作，并巩固前面所学的相关设计知识

▶ 本书读者

本书内容丰富、案例精彩，适合所有新媒体美工、网站美工、网店美工、H5 美工、图像处理人员、平面广告设计人员、网络广告设计人员阅读，同时也可作为数字媒体艺术、网络媒体艺术等相关专业和相关培训机构师生的教材或参考用书。

由于编者经验有限，加之时间仓促，书中难免会有疏漏和不足之处，恳请专家和读者不吝赐教。

编　者

目　录

第3章　高格调的版式效果设计方法

第 5 章　设计中的字体规划有学问

第 6 章　新媒体文案设计与编排技巧

第 7 章　信息的视觉呈现全掌握

第 8 章　Photoshop 图像处理软件实操

第 9 章 H5 界面设计与制作方法

第 10 章　网络互动平台设计实例

第 11 章　资讯与微商平台设计实例

第 12 章　直播视听平台设计实例

新媒体美工设计基础快速入门

新媒体是当今社会新技术支撑体系下出现的媒体形态，其以极快的速度蓬勃发展，成为无数企业、商家、媒体等从业者日常工作学习必不可少的工具。因此，作为一名新时代的美工设计师，我们需要全面了解新媒体设计基础，熟悉行业规则，进而将其发展为自己的必备技能。

➤ 新媒体究竟是什么　　　　➤ 什么是新媒体美工

➤ 新媒体美工的岗位要求　　➤ 色彩：让画面更具魅力

➤ 布局：让信息更有格调　　➤ 图片：让界面更具吸引力

➤ 文字：让内容更具竞争力　➤ 图片处理工具

➤ 视频音频工具　　　　　　➤ H5动画制作工具

➤ 其他常用工具介绍

1.1 了解新媒体美工行业

要想顺利进入一个行业并成为其中的佼佼者，首先需要了解这个行业，包括它的起源、现状，以及对从业人员的需求、要求等。只有做到知己知彼，方能立于不败之地。

1.1.1 新媒体究竟是什么

新媒体是什么？有人说：我知道，就是微信公众号。

这个答案自然是狭隘的、不全面的。那它究竟是什么？我们能够一个、两个地数出来吗？其实，并不能。严格来讲，新媒体是一个相对概念，即"新的"媒体。媒体则是人们用来传递信息与获取信息的工具、渠道、载体、中介物或技术手段。那什么可以视作新媒体的"新"呢？可以从以下三个维度分析。

- ◆ **时间**：出现时间较短的被称为"新"媒体。例如网络媒体相对于电视媒体是新媒体；电视媒体相对于报纸、杂志是新媒体；户外 LED 显示屏广告相对于户外印刷品广告是新媒体。
- ◆ **科技**：科技含量更高精尖、运营成本更低廉、传播更便捷、应用更广泛等，凡具有革新技术的媒体都可以看作新媒体。
- ◆ **市场**：运用上更贴近当下社会主流、市场占有率极高、具有极大市场影响力，甚至已成为社会革新力量一分子等的媒体。

 小贴士

新媒体的定义众说纷纭，如联合国教科文组织对新媒体的定义是："以数字技术为基础，以网络为载体进行信息传播的媒介。"此外，也有人从运用角度分析，认为新媒体是当下流行的，人人都可以是生产者，人人也都是传播者的媒体。

笔者认为，新媒体从业者可以不用深究其载体（新媒体平台）具体有哪些，因为这是一个实时变化的东西，我们需要做的是抓住其内核，紧跟潮流，使其为我所用。

中国人民大学新闻学院匡文波教授，将当前社会中常见新媒体分为网络类、数字传媒、手机移动端三大类，其内容如图 1-1 所示。

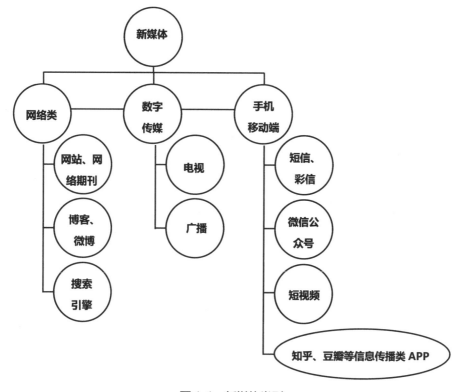

图 1-1　新媒体类别

上述新媒体具体内容只是举例说明，从业者实际操作的新媒体平台应以当前社会中流行最广泛者为最佳。大家选择的平台可能各不相同，但美工技能的应用方法万变不离其宗，并不影响对本书的学习应用。

1.1.2　什么是新媒体美工

新媒体美工，顾名思义就是在新媒体行业工作的美工，而美工就是指进行编辑美化工作的人，也可以称为设计师。需要新媒体美工编辑美化的元素通常包括画面、色彩、基调、创意等，对象包括平面图片、网页甚至视频等，如图 1-2 所示。

图1-2　将普通图片制作成海报

新媒体美工设计的工作核心通常在于视觉创意设计。因此，从业者需要具备良好的美术功底与创意思维，又因其美化对象需要通过网络或者手机媒介进行展示，因此在工作中新媒体美工应能够熟练使用 Photoshop、CorelDRAW、Illustrator、Flash、3ds Max 等设计软件。近年来，短视频传播应用正处于风口浪尖，因而希望提升自我能力的新媒体美工还应具备 Premiere、Adobe After Effects、会声会影等视频处理软件的操作能力。

 小贴士

新媒体美工需要快速响应客户需求，提供优质服务，依法保护客户的权益和商业机密，尊重客户的自主选择权。保证提供没有任何瑕疵包括知识产权瑕疵的作品。作品可以不够完美，但绝不能抄袭，这是身为美工的设计原则。

1.1.3 新媒体美工的岗位要求

为了更清楚地认识自己是否能顺利从事新媒体美工这个职业，可以参考招聘网站中显示的岗位要求，对该行业的具体工作内容进行详细了解，如图1-3所示。

岗位职责：

1.能够独立完成公司微信商城页面一般级别拍摄、图片处理任务。主要是各类宣传海报的设计和日常广告画面设计；配合运营设计出符合营销需求的活动页面。

2.精通拍摄后期修片流程工作，熟练掌握PS、LR等相关修图软件，有相关作品。

3.长期混迹互联网，对流行元素有一定的敏感度；对排版、色彩搭配、构图及美学，有一定研究。

4.追求创作有趣，优质的作品。　●————— 来源为智联招聘

5.有良好的艺术修养、审美感觉、独特的视角。

6.讲求效率，按时完成公司分配的任务，具有团队合作精神，做事认真，责任心强。

7.具有良好的沟通能力，学习能力，良好的团队合作精神及独立工作能力。

任职要求：

1.专科及以上一年以上有关工作经验；本科应届生，优秀实习生亦可。

2.一周到岗时间保证4天或以上

3.性格开朗，善于沟通，团队意识强，细心，专心，有责任心，能承受较大工作压力。

4.若兼备互联网或电商企业工作经验，将优先考虑。

要求A

相关工作经验、年限：

1.3年以上新媒体美工编辑相关工作经验。

2.独立策划完成新媒体（网站、微博、客户端）新闻美工编辑。　●————— 来源为看准网

其他能力要求：

1.熟悉新媒体软件的应用与开发，有新媒体内容制作经验、推广经验的优先。

2.具有优秀的创意思维，有良好的平面和美工基础，较强的审美观，擅长色彩搭配。

3.精通平面设计，熟练运用Photoshop、Dreamweaver、Illustrator、Flash等图片和视频处理软件。

4.善于与人沟通，良好的团队合作精神和高度的责任感，能够承受压力，有创新精神，保证工作质量。

岗位职责：

1.全面提升新媒体宣传的表现形式（如视频、动画），优化视觉信息的呈现，提升用户的视觉体验。

2.协助编辑部门进行新媒体互动页面的整体美工创意、设计、制作、美化。

3.完成摄影、摄像工作，并精通视频文件的剪辑、制作、字幕添加。

4.协助修改、完善市场部宣传品设计，协助完成线上线下活动资料设计。

要求B

工作职责：

1.负责微信公众平台的图片制作及整体形象设计。

2.根据公司要求，美化修改平台及定期更新平台。

3.负责公司微信、微博活动的图片设计与优化。

任职要求：

1.大专以上学历，美术设计或相关专业，有相关工作经验者优先。

2.有较强的美术功底及审美能力。

3.熟练掌握Photoshop、Dreamweaver、Flash等基本图形软件及制作软件。

4.思维敏捷，思路清晰，执行力强。

图1-3　新媒体美工岗位要求与职责

　　一些小型企业还会要求新媒体美工兼职新媒体文案职位，因此有可能还需要求职者懂得如何对企业产品进行策划、撰写文案，以及进行产品的发布和宣

传。总而言之，懂得的东西越多，越能在职场中立于不败之地。

1.2 了解新媒体设计中的构成要素

设计，是设计师有目标、有计划地进行技术性的创作与创意活动。新媒体设计需要通过创作快速抓住观众或读者的视线，而视觉元素则包括图形的色彩、大小、形状等内容。下面简要介绍新媒体美工设计时经常使用的设计元素，更具体的设计方法将在后面的章节中进行详细讲解。

1.2.1 色彩：让画面更具魅力

色彩是设计中最有表现力的要素之一，不同的色彩甚至能直接影响人的情感，因此，选用恰当的色彩能够引起读者愉悦的审美情绪，更加事半功倍地传递信息，帮助企业达到最佳的宣传目的。黑白色与彩色的对比如图1-4所示。

图1-4 黑白色与彩色截然不同

　　黑白色与彩色会给人带来截然不同的感受，大多数情况下彩色的画面更能抓住观众的注意力，某些时候浓郁的色彩可以带来迷人的魅力，当然特殊纯黑白稿设计除外。

　　除此之外，不同的色调也会产生不同的视觉效果与心理感受，例如冷蓝色调会使人感受清爽，暖黄色调会使人感觉温馨，如图 1-5 所示。敏锐地感知色彩、学会合理运用色彩，是新媒体美工的设计基本功。

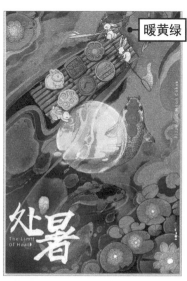

图 1-5　不同的色调带来不同的感受

　　与之相对应地，糟糕的色彩运用会拉低画面档次，让人难以接受，如图 1-6所示。

图 1-6　糟糕的色彩搭配不具吸引力

1.2.2 布局：让信息更有格调

美工设计布局类似于绘画中的构图，是对各种内容进行版面与格式的艺术化、次序化的编排加工，使主题明确，避免凌乱，并制作出具有冲击力视觉效果的作品。

当所需宣传的内容或产品的信息量很大且不能对内容进行删减时，非常考验新媒体美工的信息整理规划能力，完美的画面布局可以更具格调地传递信息，如图 1-7 所示。

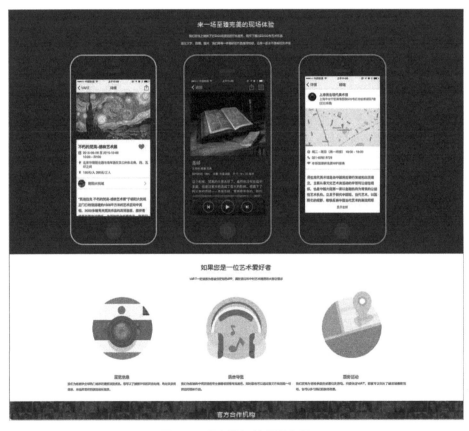

图 1-7　具有格调的网页布局

糟糕的布局，不仅不能吸引新顾客，还很可能降低以往好不容易聚集的人气。

1.2.3 图片：让界面更具吸引力

图片是新媒体平台中传递信息的构成元素之一，是新媒体美工在工作中必不可少的操作对象。美观的产品图片能吸引顾客的注意力，精致的修图与搭配能提升产品的卖相。

例如，同样的补水护肤品的广告招贴画，若制作出的图片效果不同，其投放到新媒体平台上时，其效果也截然不同，如图 1-8 所示。右侧美观的产品图片，清新而诱人的水面效果明显比前者更具吸引力。

图 1-8　图片运用案例

恰到好处的配图也能传神地表达信息，如图 1-9 所示。

我们可以看到，左侧图片是某艺术类微信公众号某一日的推送目录，作者选择的头条是世界著名画家梵高作品被盗的新闻。公众号作者将梵高本人于1887 年创作的自画像作为标题的底图，这幅画作恰好是梵高紧锁眉头正对观众的模样，仿佛正自灵魂发出质疑。这样的配图既明确地指代了新闻人物主角，又呼应了文章内容，更能引起读者的注意。

图 1-9 切合文字的恰当配图

右侧是一篇公众号的内文，其中心内容讲的是国家发展，按文字内容配图为奔跑中的大象，这张图片很有气势，大象身旁的小体格动物又与之形成巧妙的对比效果，明显能提升文章的吸引力。

1.2.4 文字：让内容更具竞争力

恰到好处的文字能够使新媒体运营者推送的内容更具竞争力，这一点是毋庸置疑的，这里的"文字"有两重含义，如图 1-10 所示。右侧与新媒体美工的工作息息相关，但左侧也绝非不需要了解，毕竟，职场中懂得多一点绝不会吃亏。

| 文字编撰者所传递的思想 | 文字的编排与设计 |

图 1-10 文字的两重含义

　　文字编撰者所传递的思想如果通过平铺直叙的文字进行表达（甚至有可能采用了颠三倒四的不合格的文法），那么效果自然不如按内容进行过精心设计的编写。爆款文案为什么会被人争相转载？一来其内容足够有料，二来撰写者的语言组织能力极强，能够通过文字的组合使标题与正文一步步抓住人心。

　　如图 1-11 所示，这两张图分别来自不同的公众号，两篇首推文章都是10 万＋的阅读量，它们没有对标题图片进行特别的编辑，系统默认的标题排版与字体都平平无奇，为什么能有如此之高的阅读量？很简单，标题文字能吸引人去点击，自然就提高了它们在同类文章中的竞争力。

图 1-11　文字内容很重要

　　左侧，前半截标题中的"养娃"和"费钱"都是中年父母很关注的问题，自然就能吸引众多读者，后半句话"费爹妈"，这是一个新奇的概念，读者没听过，当然会对内容产生好奇。若是把词句换成"关键是爹妈累啊"，效果则立刻就减弱了。

　　右侧，关键字是"见证历史"，身为普通老百姓谁不想见证历史呀？作者还用一串"又双……"强化了这一激动人心的时刻，大家自然会忍不住想看看内容究竟是什么。

　　当然，这两个公众号文章的配图也很有意思，不仅用名人吸引读者注意力，还完全切合了文章标题内容，进一步增加了主题的趣味性，两者相互映衬，得到了 1+1>2 的效果。

小贴士

上文所述的"见证历史"究竟是什么？揭晓答案——2020 年高考延期。要早知道这条消息写的是高考，笔者根本不会点开去看。

运用恰到好处的字体可以更直观地体现出字意，同时美工还可以通过对字形、大小、疏密、风格等方面进行设计处理，使整体构图更为完美，以吸引顾客、读者等受众的关注，如图 1-12 所示。

图 1-12 公众号中经过编排的文字

这是某个微信公众号的团购信息推送文章，从中可以看到使用了经过文字编排的推送图片之后，能够使文章的核心内容更醒目，更能够切合主题给人带来愉悦的视觉享受，以此提升文章的竞争力。

在网站或其他新媒体平台，同样可以通过文字的编排，使内容更具吸引力，如图 1-13 所示。甚至设计精湛的文字力量，可以高过对色彩与图片的使用。

图 1-13 网站中经过文字编排的海报

1.3　新媒体设计工具总览

子曰："工欲善其事，必先利其器。"即工匠要想使他的工作做好，一定要先让其工具锋利。我们要想做一个合格的新媒体美工，自然也得准备一系列好用的工具，然后熟练利用工具处理图片、音频、视频等各种素材，因而了解各种设计工具是行业入门的必要条件。下面我们就来简要介绍各种常见的设计工具。

1.3.1　图片处理工具

美工必备图片处理工具首推 Adobe Photoshop 与 CorelDRAW。

Adobe Photoshop 简称 PS，这是由 Adobe 公司开发和发行的图像处理软件，主要处理以像素所构成的数字图像；CorelDRAW 是由加拿大 Corel 推出的矢量图形处理软件。两个软件结合使用，能有效地进行各种图片的编辑工作，如图 1-14 所示。

图 1-14　两大图片处理软件

Adobe 公司还开发了很多好用的软件，例如处理矢量图片的 Illustrator、可以用于图文排版的 InDesign，如图 1-15 所示。

图 1-15　Adobe 公司的其他软件

除了图片处理软件之外，还有一些功能强大的图片处理 APP 也拥有众多使用者，例如 Snapseed、Faded、玩图、VSCO、拼立得等。

Adobe 公司的 Lightroom 软件能够管理照片以及修图，摄影师或产品图片较多的网商常使用这款软件进行图片处理。当只需要批量简单处理美颜照片或去水印、拼接之类的简单操作时，使用美图秀秀、光影魔术手也是不错的选择。

1.3.2　视频音频工具

说起新媒体，就不得不提到 vlog。最初，人们将视频博客（video weblog 或 video blog）简称为 vlog 时，这个词语代表的是"视频网络日志"，即 vlog 博主以影像代替文字或照片写个人日志与网友分享。

而现在，短视频吸粉、带货等宣传模式火遍全网，抖音、快手等短视频新媒体平台用户日益增加，不懂视频剪辑与音频处理的新媒体美工将越来越难在职场中生存。因此，视频、音频工具也是大家需要了解的内容。常见的视频编辑工具如下。

◆ **Adobe Premiere**：是一款功能非常强大的视频编辑工具，被广泛应用于职场中。其可以对视频进行采集、剪辑、调色、美化音频、字幕添加等各种操作。

◆ **After Effects**：是 Adobe 公司开发的一款视频剪辑及设计软件，通常用于视频的高端专业特效合成，如图 1-16 所示。

图 1-16　Adobe 公司专业的视频工具

◆ **Corel VideoStudio**：即会声会影，是加拿大 Corel 制作的视频编辑软件，其优点是功能齐全、操作相对简单，缺点则是体积大、对电脑要求高。

◆ **Sony vegas**：是一款入门级专业视频编辑软件，能完成剪辑、特效、合成等各种编辑操作，且小巧易学。如图 1-17 所示。

图 1-17　操作相对简单的视频工具

◆ **Edius**：应用也非常广泛，具有稳定高效、兼容性好、支持格式多、对电脑配置要求低、操作简单便捷等优点。

如果日常工作中对视频编辑要求不高，还可以选择更简单易上手的爱剪辑、快剪辑、剪辑大师、喵影工厂、狸窝、小影等傻瓜式便捷软件。

音频编辑软件也有功能强大的专业软件和简单易上手的热门软件等各种类型可供选择，下面分别进行介绍。

- ◆ Adobe Audition：由 Adobe 公司推出的专业音频制作软件，可以进行录制、混合、编辑和控制音频等操作，可用于制作广播剧、整理电影音频，或为视频游戏设计声音等。

- ◆ Cool Edit Pro：是一款数字音乐编辑器和 MP3 制作软件，可以对音调、声音、弦乐、颤音、噪声等进行调制。能解决回声、失真、延迟等各种问题。

- ◆ Audacity：是一款免费开源的录音和音频编辑软件，可导入各种格式的音频文件，进行剪裁、混音、升 / 降音以及变音特效等操作。

- ◆ 歌声合成工具 UTAU：是一款由饴屋 / 菖蒲氏开发的免费歌声合成软件，可使用自己或者他人录制的数据资料合成歌曲，开发虚拟歌手。

- ◆ 混录天王：支持多设备选择性录音，在录音过程中可进行男女变声，还能进行各种特效处理，调节各种参数，制作出多种风格的乐曲。

- ◆ 在线 mp3 剪辑：这款在线音频编辑器功能齐全，支持对 300 多种格式的编辑，还可以进行多重片段剪辑。

- ◆ WavePad：可以创建和编辑语音、音乐和其他录音，能复制录音部分并添加回声，有放大、降噪的功能。

小贴士

此外还有音乐剪辑、易剪、mp3 剪切合并大师、剪切傻瓜等简单易上手的软件或 APP 可用用编辑各种音频文件。例如，主打音频的平台有喜马拉雅、荔枝、蜻蜓 FM，主打音乐的平台有网易云和 QQ 音乐等。

1.3.3　H5 动画制作工具

H5 是 HTML5 的简称，起初这其实是万维网的一个标准，现在则特指在智能手机移动端上播放的，用于广告、营销的，可以达到 Flash 效果的酷炫交互动画页面。市场中常见的 H5 动画制作工具有以下六种。

◆ **iH5**：是一款专业级 H5 制作工具，功能较为强大，可以编写代码，初学者上手较难。

◆ **epub360**：同样属于专业级 H5 制作工具，企业用户较多。

◆ **易企秀**：包含多种静态动态模板，能够通过简单套用达到需要的效果，手机端制作需下载 APP。

◆ **人人秀**：可进行傻瓜级操作，能够制作简单的翻页 H5，还支持各种互动插件，例如照片投票、游戏、抽奖、VR 全景、答题等功能。

◆ **兔展**：定位于普通用户，操作简单易懂，具有 psd 导入功能，提供免费模板，但付费部分功能更多。

◆ **MAKA**：是一款在线编辑器，主要用户群体是设计师，模板非常丰富，可创作出专业级 H5 酷炫动态效果，如图 1–18 所示。

图 1-18　H5 动画工具

 小贴士

如果想要全面了解 H5 需进行更深入的学习，成为一个前端开发，则需要了解 HTML5 的新标准，然后学习 Cascading Style Sheets，了解 Jquery、Egret、Cocos2d 等。

1.3.4 其他常用工具介绍

Adobe Dreamweaver，简称 DW，中文名称"梦想编织者"，是美国 MACROMEDIA 公司开发的一款软件，2005 年被 Adobe 公司收购。这是一款集网页制作和管理网站于一身的所见即所得的网页编辑器。DW 是第一套针对专业网页设计师特别发展的视觉化网页开发工具，利用它可以轻而易举地制作出跨越平台和浏览器限制的充满动感的网页，如图 1-19 所示。

图 1-19　Adobe 公司的网页编辑软件

此外，还有一些便捷的新媒体工具也常被新媒体人使用，主要包括以下三类。

◆ **公众号图文编辑器**：秀米、135 编辑器、i 排版、爱美编等。

◆ **账号管理器**：新媒体管家、微小宝等。

◆ **数据分析器**：新榜、今日热榜等。

美工设计应掌握的配色知识

第2章

色彩，是人们接触一个设计作品时最先跃入眼帘的元素，美观和谐的配色，或者符合新媒体作品主题的色彩搭配，能够给受众带来感官上愉悦的享受，促使他们乐于接受平台主体想要传达的观点或希望宣传的产品。因而，新媒体美工需要掌握有关配色的知识。

▶ 色彩的来源　　　　　　　▶ 色彩的三原色

▶ 色彩的显示模式　　　　　▶ 色彩的三要素

▶ 色彩的冷与暖　　　　　　▶ 常见色彩与心理

▶ 反差较大的颜色搭配　　　▶ 反差较小的颜色搭配

▶ 色调的搭配方法　　　　　▶ 根据受众年龄选色

▶ 根据受众性别选色　　　　▶ 根据产品特性选色

2.1 认识色彩

要想熟练运用色彩进行设计，首先需要了解关于色彩的基础知识，例如色彩的来源、色彩的三原色、色彩的显示模式等。下面进行详细介绍。

2.1.1 色彩的来源

色彩是通过眼、脑和人们的生活经验所产生的一种对光的视觉效应。

（一）从物理角度看色彩

从物理角度来看，人产生这种视像感觉基于三种因素：光、物体对光的反射、人的视觉器官——眼睛。即不同波长的可见光投射到物体上，有一部分波长的光被吸收，一部分波长的光被反射出来刺激人的眼睛，经过视神经传递到大脑，形成对物体的色彩信息，即人的色彩感觉，如图2-1所示。

图 2-1　五彩斑斓的色彩

假设将一个光源各个波长的强度列在一起，就可以获得这个光源的光谱。一个物体的光谱决定这个物体的光学特性，包括它的颜色。但不同的光谱也可以被人接收为同一个颜色。

小贴士

为什么说色彩还和人们的生活经验有关？这是因为不同的人（不同物种）会因为自身视觉系统的差异，以及生活环境的影响对颜色产生差异化的认知。社会环境影响还会让人们对不同的颜色产生不同的心理暗示，因而，色彩对于每个人来说都是一种客观存在。

（二）从色彩学角度看色彩

从色彩学原理来看，物体表面的色彩是由光源的照射、物体本身反射一定的色光、环境与空间对物体色彩的影响而形成的。也就是说，物体表现的色彩由光源色、物体色、固有色、环境色混合而成，如图 2-2 所示。

图 2-2　物体的颜色

光源色：由各种光源（发光体）发出的光，光波的长短、强弱、比例性质的不同形成不同的色光，称为光源色。光源色中有单色光、复色光（两种及其以上的色光混合而成）和全色光（包含红、橙、黄、绿、青、蓝、紫所有波长，如太阳光）三种。

固有色：就是在正常状态下人们看到的物体的色彩，例如日光中我们看到罐子是白色的，其固有色就是白色。

物体色：物体呈现的颜色取决于该物体本身的特性和光源色的共同作用。例如红光照射在白罐子上，白罐子呈现出红色，红色就是它的物体色。环境会影响物体色的变化，甚至不同的时段物体色也会不同。

环境色：指光照对环境进行照射，环境又反射光线影响物体色彩，从而产生环境色。

同一个物体，在不同光源（如晚霞、灯光等）的照射下、附近物体（环境）的影响下、不同的角度展示下，会呈现略有差别的颜色。在展示图片时，图片与周围环境色越融合，越能呈现和谐的视觉效果。

（三）从历史角度看色彩

早在 15 万年至 20 万年以前的冰河时期，原始人类就开始使用不同颜色的矿物、泥土等物质绘制壁画、骨器，他们用颜色传递情感、表达思想，如同我们现在一样。

自然、艺术中的颜色数以万计，有时画家会用从矿石中发现的颜色绘制画作，如图 2-3 所示。有时化学家会在研发药物时发现美丽的颜色。也有从植物、昆虫等生物中提取的颜色，例如，在彩色照片出现以前，人们从乌贼喷出的汁液中提取出墨水，用来进行黑白色调的照片显色。

图 2-3　将矿物用于绘画

在文艺复兴时期，画家大多需要自己使用植物、矿物等进行绘画材料的研磨搭配，每个画家的配方并不完全相同。"文艺复兴三杰"之一的达·芬奇就乐于尝试新配方。

2.1.2 色彩的三原色

三原色是关于色彩的最基本元素，指色彩中不能再分解的 3 种基本颜色，根据使用方式的不同，人们通常将三原色分为美术三原色、光学三原色和颜料三原色。

◆ **美术三原色**：即红、黄、蓝。所谓原色就是可以用来调配其他色彩的基础色。原色的色彩纯度最高、最鲜艳，可以调配出绝大多数色彩，而其他颜色则不能调出三原色，如图 2-4 所示。

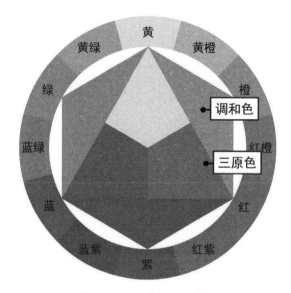

图 2-4　三原色调色示意图

◆ **光学三原色（RGB）**：即红、绿、蓝（相当于颜料中的大红、中绿、靛蓝）。这三种颜色按一定比例混合可以呈现各种光色，组成显示屏、彩色电视屏幕等电子设备的显示颜色，光学三原色同时相加为白色。

◆ **颜料三原色（CMYK）**：是指彩色印刷中的油墨调配、彩色照片、打印机等使用的颜色。由品红、黄、青三原色可以混合调配出其他颜色，颜料三原色同时相加则为黑色。通常，彩色喷墨打印机就是以黄、品红、青加黑墨盒打印彩色图片的。

小贴士

有一种特殊的颜色叫作无彩色系色彩，是指白色、黑色，以及由白色、黑色调形成的各种深浅不同的灰色。无彩色系按照一定的变化规律，可以排成一个系列，由白色渐变浅灰、中灰、深灰到黑色，通常也被称为黑白系列。

2.1.3 色彩的显示模式

色彩，狭义上可理解为我们所看到的实际物品（如静物、画作、服装等）的颜色，当计算机、智能手机等数字技术深入我们的生活后，作为一名新媒体美工，需要了解数字世界中表示颜色的算法，即不同的色彩模式，如前文所述的光学三原色等。

由于成色原理的不同，显示器、投影仪、扫描仪等靠色光直接合成颜色的颜色设备和打印机、印刷机等靠使用颜料的印刷设备在生成颜色方式上各有特点，因此需要使用不同的颜色显示模式。下面分别进行介绍。

（一）RGB 模式

RGB 模式适用于显示器、投影仪、扫描仪、数码相机等，是工业界的一种颜色标准，通过对红（R）、绿（G）、蓝（B）3 个颜色通道的变化以及其相互之间的叠加得到各种各样的颜色，如图 2-5 所示。

图 2-5　RGB 模式

红、绿、蓝三个颜色通道每种颜色各分为 256 阶亮度，在 0 时 "灯" 最弱——是关掉的，而在 255 时 "灯" 最亮。当三色灰度数值相同时，产生不同灰度值的灰色调，即三色灰度都为 0 时，是最暗的黑色调；三色灰度都为 255 时，是最亮的白色调。在数字视频中，对 RGB 三基色各进行 8 位编码就构成了大约 1677 万种颜色，这就是真彩色。

（二）CMYK 模式

CMYK 即印刷四色模式，是彩色印刷时利用色料的三原色混色原理，加上黑色油墨，4 种颜色混合叠加的一种全彩印刷套色模式，如图 2-6 所示。这 4 种标准颜色：C，即 Cyan，为青色；M，即 Magenta，为品红色，又称为洋红色；Y，即 Yellow，为黄色；K，即 black，为黑色。

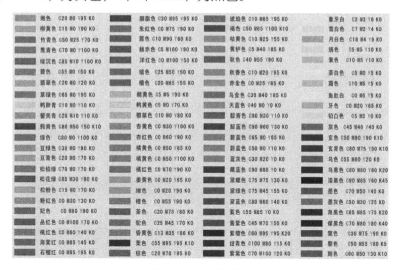

图 2-6　CMYK 模式

凡是经印刷制作而成的物品，都会使用 CMYK 模式，如期刊、杂志、广告画等。在印刷中通常可由 CMYK 4 种色彩再现其他成千上万种色彩。

（三）Lab 模式

Lab 模式是由国际照明委员会（CIE）公布的一种色彩模式。RGB 模式是一种发光屏幕的加色模式，CMYK 模式是一种颜色反光的印刷减色模式。Lab 模式则既不依赖光线，也不依赖于颜料，是 CIE 确定的一个理论上包括人眼可以看见的所有色彩的色彩模式，弥补了前两种色彩模式的不足。

Lab 模式由 3 个通道组成，其中 L 通道是明度，A、B 通道是色彩通道。A 通道包括的颜色是从深绿色（低亮度值）到灰色（中亮度值）再到亮粉红色（高亮度值）；B 通道则是从深蓝色（低亮度值）到灰色（中亮度值）再到黄色（高亮度值）。

Lab 模式与 RGB 模式相似，只是色彩在混合时将产生更明亮的色彩，该模式可以用于编辑处理任何图片。

（四）灰度模式

灰度模式的每个像素有一个 0（黑色）到 255（白色）之间的亮度值。灰度值也可以用黑色油墨覆盖的百分比来表示（0 等于白色，100% 等于黑色）。该模式使用了多达 256 级灰度表现图像，使图像的过渡更平滑细腻。通过扫描仪处理的图像常以灰度显示，如图 2-7 所示。

（五）位图模式

位图模式是用黑白两种颜色表示图像中的像素，在将图像转换为位图模式时会丢失大量细节。在宽度、高度和分辨率相同的情况下，位图模式的图像尺寸最小，约为灰度模式的 1/7 和 RGB 模式的 1/22 以下。

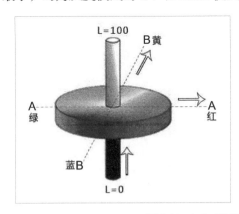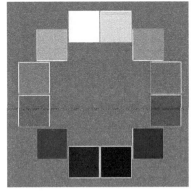

图 2-7　Lab 模式与灰度模式

（六）索引模式

索引模式是网络、游戏和动画中常用的图像模式，常见的格式有 GIF、

PNG 等，如图 2-8 所示。

图 2-8　索引模式 GIF 图片与 PNG 图片

索引模式是位图图片基于 RGB、CMYK 等进行的更基本的颜色编码方法。其原理是挑图画中不超过 256 种颜色的代表色，编制成颜色表。在表示图片中每一个点的颜色信息时，不直接使用这个点的颜色信息，而使用颜色表的索引。

例如，要表示一幅 32 位真彩色的图片，使用索引颜色的图片只需要用不超过 8 位的颜色索引就能传达信息，即通过限制图片中颜色总数实现有损压缩。

2.2　色彩的要素与心理影响

在媒体工作中可使用的色彩成千上万，它们都具有共同的三要素：色相、明度、纯度。通过三要素的变换，可以创作五彩斑斓的作品，而不同的要素能够对人的心理产生各不相同的影响，下面进行详细讲解。

2.2.1　色彩的三要素

色彩的三要素是指每一种色彩都同时具有的 3 种基本属性：色相（色调）、饱和度（纯度）和明度（亮度）。其中，色相与光波的频率有直接关系，饱和度和明度与光波的幅度有关。将不同的颜色用三要素进行划分描述，可以更准确地表达其带来的心理感受。

◆ **色相：**是指不同频率的色彩的表征，也可视作区别色彩种类的名称。频率最低的是红色，最高的是紫色。人们通常把红、橙、黄、绿、蓝、紫和处在它们各自之间的红橙、黄橙、黄绿、蓝绿、蓝紫、红紫6种中间色作为12色相环，如图2-9所示。

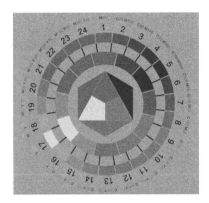

图2-9 色相环与色相图片展示

◆ **饱和度：**是指色彩的纯净程度。饱和度的变化可以通过三原色互混产生，也可以通过加白、加黑、加灰产生。混杂的颜色越多，饱和度越低。色彩越纯饱和度越高，即纯度越纯，其色彩越鲜亮。反之，纯度较低，色彩越灰或越柔和，如图2-10所示。

图2-10 色彩的饱和度对比

◆ **明度：**色彩所具有的亮度和暗度被称为明度，是表现色彩层次感的基础。当有彩色加入白色时，明度提高，加入黑色时明度降低，同时其纯度也相应降低。计算明度的基准是灰度测试卡，黑色为 0，白色为 10，在 0～10 等间隔排列为 9 个阶段，如图 2-11 所示。

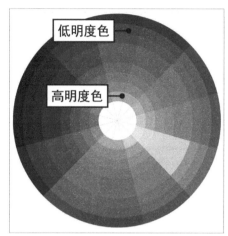

图 2-11　色彩的明度对比

小贴士

　　HSB 模式是基于颜色三要素的一种颜色模式，是在 Lab 模式的基础上考虑了人对颜色的心理感受转换而成的。人们将其绘制为底与底对接的两个圆锥体立体模型，圆周方向表示色相的变化，形成色环；中轴向表示明度，自上而下由白变黑；径向表示颜色饱和度，自内向外逐渐变高。

2.2.2　色彩的冷与暖

　　在使用不同色彩设计作品时，除三要素外最需注意的内容还包括色彩的冷暖区别，如图 2-12 所示，这是色彩中对心理影响最明显的一种因素。

　　所谓冷暖色是指人们对色彩产生的心理上的冷热感觉，以下是其具体含义。

◆ **暖色调：**包含红、橙、黄、棕等颜色，暖色会给人带来温暖、热情、奔放、舒适、活力等感受，以及体积上的膨胀感。

◆ **冷色调**：包含绿、青、蓝、紫等颜色，冷色调会给人带来清静、凉爽、通透、克制、冷静等心理感受，同时会有体积上的收敛感。

◆ **中性色调**：即黑、灰、白。

图 2-12　暖色调与冷色调的图片

冷暖色并不是一种绝对的划分，例如绿色与红色对比属于冷色，但与蓝色对比又相对较暖。

同色系中的颜色也有冷暖对比的区别，例如红色中的紫红对比朱红属于偏冷的红；绿色中偏黄的橄榄绿为暖色，偏蓝的绿为冷色，如图 2-13 所示。

图 2-13　同色系中的冷暖对比

 小贴士

　　红、橙、黄通常容易使人联想到暖阳、烟火，土黄、棕黄易使人联想到大地，因而被视为暖色。蓝、绿则容易使人联想到海洋、天空、湖泊，给人静谧、凉爽之感，因而被视作冷色。

2.2.3 常见色彩与心理

冷暖色的不同会给人带来不同的心理感受，而不同的颜色所传递的心理感受也各不相同，下面就选一些常见色进行介绍，帮助大家对颜色建立一种更具体的认识。

◆ **黑色**：可体现冷静、威严、高雅、低调、防御、固执等感受，常用于表示哀悼或严肃的商务领域。

◆ **白色**：可体现纯洁、梦幻、神圣、干净、值得信任、严肃等感受。白色可以和任何颜色做搭配。

◆ **灰色**：这一中间色可体现柔和、高雅、沉稳、考究、智能、成功的感觉，例如银灰色很适合用于商务或高科技内容中，如图 2-14 所示。

图 2-14　黑白灰的应用

◆ **深红色**：正红、深红、玫瑰红等浓烈的红色，可体现热情、火辣、热血、冲动、狂野、赤诚、温暖等感受，可用于表达蓬勃向上的情绪、热心宣传等场合，同时也有危险的意味，如图 2-15 所示。

◆ **浅红色**：粉红、浅桃红等颜色较温柔、甜美、浪漫，可用于女性、婴幼儿产品或表达无攻击性情绪时。

◆ **橙红色**：是一种代表暖阳、丰收的颜色，可体现欢乐、幸福、活泼、富足、温暖等感觉，同时也是一种警戒色。稍深一些的橙色在温暖中带有一份稳重而含蓄感，浅橙色则像橘子一样可口而甜蜜。

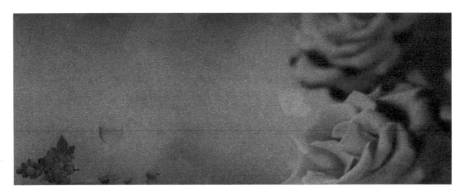

图 2-15　红色的应用

◆ **黄色**：是橙色的类似色，因此也有相近的欢乐、富足、温暖的感觉，此外也象征着明朗、高贵、希望、潇洒。

◆ **绿色**：可体现宁静、平和、欣欣向荣、克制等感受。常用于在商业设计中传递清新、希望、生机等内核，如图 2-16 所示。

图 2-16　绿色的应用

◆ **蓝色**：是天空与大海的颜色，高纯度或明度的蓝色可体现平静、理智、安详、圣洁等感受，通常被用于传递高科技、睿智、效率、冷静等内核，如图 2-17 所示。

◆ **紫色**：是一种非常具有侵略性的色彩，在画面中特别容易引起观众注意。深紫色华贵、敏感、孤独、神秘，浅紫色优美、柔媚、动人。但因为侵略性太强，需谨慎使用。

图 2-17　蓝色的应用

2.3 色彩的搭配技巧

不同的颜色在色环上的排列位置各不相同，例如与环中心对称并在 180°
的位置两端的颜色被称为互补色，相邻颜色为相近色等，如图 2-18 所示。

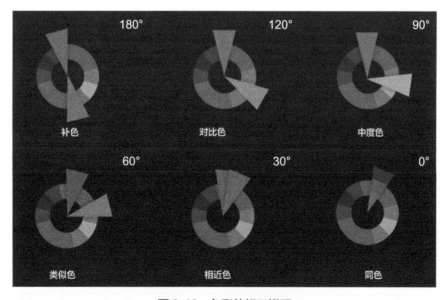

图 2-18　色彩的相互搭配

将不同位置的颜色组合，相互作用后会产生视觉和感觉的不同感受，下面分别进行介绍。

2.3.1 反差较大的颜色搭配

反差大的颜色，是指红蓝、橙绿等颜色在色环中间隔较多的颜色，这类颜色用在同一个作品中通常会呈现鲜明、醒目的对比视觉效果。因此，在使用反差较大的颜色搭配进行创作时，需要注意画面的整体协调性，通用的使用规律如下。

- ◆ 等面积地使用大反差色，可以增强画面的对比效果，但须把握画面的平衡感。
- ◆ 一种颜色占的面积远大于另一种颜色的面积时，可以使某部分内容特别显眼。
- ◆ 将强对比颜色的饱和度减弱，或控制部分颜色的明度，可以起到调和作用，使画面更和谐。

反差较大的颜色搭配方式有互补色搭配、对比色搭配、中度色搭配，下面分别进行介绍。

（一）互补色搭配

互补色是指色相环中成 180° 的颜色，例如红绿、蓝橙、黄紫配对，这是对比最强烈的颜色，具有极强的视觉冲击效果与吸引力，常用于快消品、对抗性海报、青春主题等内容中，如图 2-19 所示。

图 2-19 互补色的应用

　　互补色的强烈对比效果会使画面更具张力，色彩的饱和度越高对比就越强、视觉冲击力就越大，但有可能给人廉价感。有时，进行恰到好处的调和或进行不同面积的配合使用，能起到更好的效果，如图 2-20 所示。

图 2-20　互补色的协调使用

（二）对比色搭配

　　狭义的对比色是指色相环上相距 120°~180° 的两种颜色，例如红、黄、蓝互为对比色，橙红、黄绿、蓝紫也互为对比色，还有黄橙、青绿等。

　　对比色会带来充实、华丽、跃动、兴奋等视觉效果，可用于展示视觉冲击性较强的内容，能体现出视觉对比与平衡效果，如图 2-21 所示。

图 2-21　对比色的应用

　　广义的对比色除了色相对比之外，还包括明度对比、饱和度对比、冷暖对比等。

（三）中度色搭配

中度色是指在色环上相距 90°~120° 的颜色，如绿橙、蓝玫、红橙等，这属于一种中度的对比，色彩搭配后既有一定的力度，又相对和谐。

将中度色运用在新媒体作品中，可以传递出活泼、热情、赤忱等情感，如图 2-22 所示。

图 2-22　中度色的应用

2.3.2 反差较小的颜色搭配

在色环上，低于 90° 位置越相近的颜色其反差越小，搭配使用时冲击力也更小，但在使用时会相对更加和谐。其使用的共同点如下。

◆ 小反差色之间通常不会互相冲突，所以可以自由组合，营造协调、平和的氛围。

◆ 搭配过于相似的颜色时，可以使用不同的明度与饱和度，制造"冲突"，使作品的画面重点更醒目。

◆ 运用不同面积的色块，可以突出重点。

◆ 适当加入黑、白、灰等中间色，可以提升画面的"呼吸感"，使作品更有可看性。

常见的反差小的颜色有类似色、相近色与同色系颜色。

（一）类似色搭配

类似色是色环中位置低于 90° 但又并不相邻的颜色，例如深红与橙红、橙红与黄色、紫色与玫红、钴蓝与橄榄绿等。类似色搭配会较为柔和，产生让人舒服的过渡感。

如图 2-23 所示，是由各种类似色组合成了柔和的背景底图，再以中度色表示天空与海面，配以白色文字突出重点。

图 2-23　类似色的应用

（二）相近色搭配

相近色其实也可称为相邻色，是指使用色卡中紧邻的相仿颜色进行协调的搭配，例如黄与橙黄、橘红与橘黄等。相近色的搭配比类似色更为和谐，会使整个画面产生融为一体的视觉效果，如图 2-24 所示。

图 2-24　相近色的应用

需要注意的是，相近色过于和谐，有可能无法突出画面重点，因此在内容与布局方面就需要更为注意。

（三）同色搭配

同色搭配是将同一个颜色进行纯度、饱和度与明度的处理，制作出恰当的画面，进而在新媒体中应用。例如，同色相的浅绿、深绿、墨绿、灰绿等。当然，在实际应用中同色通常是指非常相近的颜色，如图 2-25 所示。

图 2-25　同色系颜色的应用

2.3.3　色调的搭配方法

以明度划分的色调，是指以画面中面积较大的色块的明度为划分依据，将其分为高调、中间调、低调三类。明度色卡为 0 度至 10 度，其中在 0 度至 3 度的色彩称为低调色，以深灰、黑色块为主；4 度至 6 度的色彩称为中调色，以中等明度色块为主；7 度至 10 度的色彩称为高调色，以浅亮色为主。

将画面中面积最大、视觉作用最强的颜色按比例和画面中其他颜色对比，可以把色调的对比搭配方法划分为 9 种情况，其内容如下。

◆ **高长调（10：8：1）**：其中 10 为浅色，面积最大；8 为浅配合色，面积次大；1 为深对比色，面积小。这种色调明暗反差大，会使人产生刺激、明快、积极、活泼、强烈的视觉感受。

◆ **高中调（10：8：5）**：该色调明暗反差适中，会使人感觉明亮、愉快、清晰、鲜明、舒心。

◆ **高短调（10：8：7）**：该色调明暗反差微弱，形象不明晰，会使人感觉到优雅、柔和、淡然、柔弱、朦胧或细腻的女性化特色。

◆ **中长调（4：6：10 或 7：6：1）**：该色调以中明度色做基调、配合色，用浅色或深色进行对比，会使人感觉到强硬、稳重、专业以及果敢的男性化特色，如图 2-26 所示。

图 2-26　中长调

◆ **低长调（1：3：10）**：该色调浅色面积最小而以低明度色为基调，面积很大，画面深暗而对比强烈，会使人感觉雄伟、深沉、强硬、谨慎、压抑或充满厚重感，如图 2-27 所示。

图 2-27　低长调

◆ **中调（1：3：6）**：该色调深暗而对比适中，使人感觉保守、厚重、朴实。

◆ **低短调（1：3：4）**：该色调深暗而对比微弱，通常会使人产生沉闷、忧郁、神秘或者是孤寂与阴森之感。

◆ **中中调（4：6：8或7：6：3）**：该色调为中对比，使人感觉轻快、丰富。

◆ **中短调（4：5：6）**：该色调为中明度弱对比，使人感觉含蓄、呆板、模糊、内敛。

 小贴士

有一种特殊的色调叫作最长调（1：10、10：1），由黑、白两色构成，会使人产生强烈、简单化、生硬、锐利、醒目、明晰等感觉。

2.4 受众与色彩的选择

新媒体实质上就是一种广告、宣传媒介，色彩是一种具有多种传播特性的工具，它具有鲜明、易识别、可传递情感等特点，能够对目标用户产生很深的影响。因此，新媒体美工需要研究目标受众的类型，确保作品设计和颜色能够对准确的受众传递出恰到好处的信息。目标受众对颜色的偏好取决于许多因素，包括年龄、性别、经济条件和文化特点等，下面分别进行讲解。

2.4.1 根据受众年龄选色

不同的人对色彩的视觉感知是不同的，研究色彩心理的专家 Faber Birren 曾在其《色彩心理学与色彩疗法》一书中提到，低龄者通常比较喜欢较长波长的颜色，例如红色、橙色和黄色等，而年长者通常比较喜欢波长较短的颜色，例如蓝色、绿色、紫色等。

◆ 面向儿童的新媒体作品适合使用鲜艳、跳跃、高纯度的颜色，这比较符合儿童的喜好，如图 2-28 所示。

图 2-28　颜色鲜艳的儿童作品

◆ 面向青少年的作品适合选用绚丽、明亮、多姿多彩的颜色，以给这个年龄阶段的人带来积极向上、朝气蓬勃的感觉。

◆ 面向中年人的作品可选用单一色或高级灰、莫兰迪色（意大利著名画家乔治·莫兰迪惯常用低饱和度的颜色作画，由此而得名，常被应用于家居、服饰等领域），这些颜色会给人稳重、优雅、柔和、平静之感，以避免廉价与浮躁的感觉，如图 2-29 所示。

图 2-29　针对青少年与中年人的受众色彩选择

◆ 面向老年人的作品，选用的色彩应避免黑白灰系这种可能会显得死气沉沉的"高级"颜色，该年龄段的受众偏好优雅中又能流露出生机盎然的色彩，色彩中无形流露出的希望之感与郁郁葱葱的生机，是老年人的最爱，如图2-30所示。

图2-30　针对老年人的受众色彩选择

2.4.2 根据受众性别选色

目标受众的性别不同，自然也有各不相同的颜色喜好倾向。女性通常喜欢可以体现出柔美、雅致、高贵感的颜色，如粉色、玫红、桃红等，如图2-31所示。

图2-31　适合女性的颜色

男性更偏好可以体现刚毅、冷静、奢华、傲气感觉的色彩，低明度的蓝、绿色、黑白灰、金银色都是不错的选择，如图 2-32 所示。

图 2-32　适合男性的颜色

2.4.3　根据产品特性选色

有时目标受众的年龄与性别并不明确，这时，新媒体美工可以根据产品特性针对目标客户的喜好进行颜色搭配。下面举例进行说明。

◆ **可爱**：选择清新温柔的颜色，例如暖橙、嫩绿、浅粉、柔蓝等。

◆ **浪漫**：选择女性化的、充满爱或神秘感的颜色，例如桃红、浅紫等，如图 2-33 所示。

图 2-33　可爱与浪漫的主题

◆ **自然**：选择有新鲜感或与大自然相关的颜色，例如柠檬黄、草绿、天蓝、海蓝等。

◆ **舒适**：选择暖色调颜色，并稍微降低颜色的明度与纯度，柔和的色彩更能体现产品的舒适性。

◆ **精贵**：选择具有神秘、绚丽、奢豪感的颜色，例如紫色、浅紫色、金黄色等，如图 2-34 所示。

图 2-34　精品高端旅游广告

◆ **活力**：选择橙色、柠檬黄、橙红等热情奔放的颜色，或者利用彩虹色的渐变制作出动感效果。

◆ **古典**：选择能体现中式传统韵味的茶色、赭石、棕红、中国红、蔚蓝等颜色，如图 2-35 所示。

图 2-35　活力与古典的主题

高格调的版式效果设计方法

第3章

版式设计是视觉传达的重要手段，是技术与艺术的高度结合且涵盖面极广的学科。从某种角度而言，版式设计的好坏直接关系作品的优劣与读者的关注度，所以设计人员只有掌握了版式设计基础知识与设计方法，才能让整个版面更加生动有吸引力。

- ➤ 什么是版式设计
- ➤ 版式设计的视觉流程
- ➤ 线
- ➤ 版式设计的布局
- ➤ 节奏与韵律
- ➤ 对比与协调

- ➤ 版式设计的原则
- ➤ 点
- ➤ 面
- ➤ 对称与均衡
- ➤ 虚实与留白

3.1 版式设计基础知识

版式设计是现代设计艺术的重要组成部分，能将各种文字与图片有效地结合在一起，是新媒体美工必备的技能。优秀的版式设计不仅能让受众享受到美感，还能让受众更直接地感受到版面传达的主题，以吸引他们的注意力，提高阅读兴趣。

3.1.1 什么是版式设计

版式设计是平面设计艺术中最具代表性的分支，又称为版面设计、编排设计，是一种重要的视觉传达手段。简单而言，版式设计就是设计人员根据设计主题和视觉需求，在有限的平面空间内运用造型要素和形式原则，将文字、图像以及色彩等视觉传达信息要素加以组合编排，用生动且风格独特的表现手法将某个主题表达出来。

传统的版面设计多应用于报纸杂志中，而现在版面设计的应用范围非常广泛，涉及海报、报纸、杂志、书籍、画册、包装、挂历以及网页等平面设计领域，如图 3-1 至图 3-3 所示。

图 3-1　网页的版式设计

图 3-2　海报的版式设计

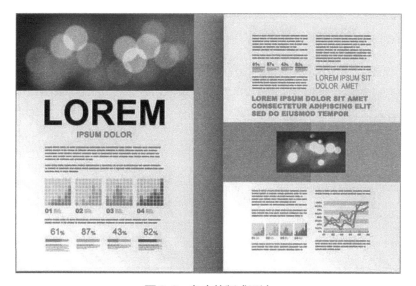

图 3-3　杂志的版式设计

3.1.2 版式设计的原则

版式设计的目的是传递信息，通过合理的空间视觉元素组合编排使混乱的内容呈现秩序和美感，最大限度地发挥表现力，从而增强对主题的表达，以特有的艺术感染力来吸引受众，并提高受众的阅读体验。当然，不同主题的内容需要遵循不同的原则，而大部分的版式设计中都运用了以下四个原则。

（一）对比

对比是指为避免版面上的视觉元素过于相似，如字体、颜色、大小、线条、形状以及虚实等，通过对比才能突出元素的特质，增强画面的效果，吸引受众的目光，让受众第一眼就能看到该版面。

通常情况下，可以对需要强调的内容设置粗细、调整大小、修改颜色、增强背景色、添加删除线或下划线以及进行艺术化处理等，以使其从大量内容中跳脱出来。另外，对比还能有效增强视觉效果，打破画面的枯燥、乏味，吸引受众注意。不过，对比也不要太强烈，不然容易出现反效果。

如图3-4所示，标题与正文在版面中所占比例较大，字号的对比比较强烈，能给受众造成较强的视觉冲击力，很容易引起受众的关注。

图3-4　版面中的对比效果

（二）重复

重复是指在版面设计中一些基础元素可以重复使用，如颜色、形状、材质、空间关系、线宽、字体、大小和图片等，使内容更加统一，以增加画面的条理性和整体性。另外，使用统一的格式可以让整体画面更加连续、美观与精致。

如图 3-5 所示，在颜色的运用、图片大小和位置、字体大小和种类，以及基本元素的运用都参考了重复原则，会使受众视觉上产生统一、和谐之感。

图 3-5　版面中的重复效果

（三）对齐

对齐是指任何元素都不能在版面上随意摆放，每项元素都需要与版面中的其他元素存在某种视觉联系，这样才能建立清晰的结构。对齐原则主要有两个方面的好处：一方面符合受众的视觉惯性，降低受众阅读负担；另一方面能有效组织信息，让版面规整有序、严谨美观。其中，常见的对齐方式有左对齐、右对齐、左右对齐以及居中对齐等。

如图 3-6 所示，大篇幅的文字使用了左对齐，整体效果结构清晰。

图 3-6　版面中的对齐效果

（四）亲密性

亲密性是指将版面内彼此相关的元素分类，然后归组在一起，如果多个元素之间存在亲密性，就会形成一个视觉单元，而不是众多孤立的元素。这有助于实现版面的组织性和条理性，减少混乱，为用户提供清晰的结构。不过，不要在版面中留太多的空白空间，且视觉单位之间也要建立某种联系。

如图3-7所示，把相同属性的产品放置在同一个区域，方便受众挑选，从而提高产品购买效率。

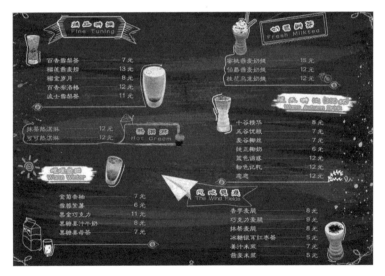

图3-7　版面中的亲密性效果

3.1.3 版式设计的视觉流程

版式设计是平面设计的重要组成部分，而进行版式设计的原则和依据就是视觉流程。视觉流程是指受众在观看时的视觉线路走向，研究和学习视觉流程，有助于把握版式的逻辑规则，突出版式设计的目的。清晰的视觉流程，不但可以提高受众在内容中的停留时间，还可以增强受众的消费意愿。

在运动的过程中，视觉流程主要受各种外部因素和主观因素的影响，从而产生各种运动形式。结合版面设计的特点，主要有以下五个方面。

（一）线性视觉流程

线性视觉流程是最常见、最基本的视觉流程样式，主要包括直线视觉流程、斜线视觉流程和曲线视觉流程 3 种形式。

- ◆ **直线视觉流程**：在版面设计中，直线视觉流程形式较为单纯，可以引导受众的视线做直线的视觉流动，最大的特点是直观、一目了然，能达到直击主题的目的，极具视觉冲击力与感染力。

- ◆ **斜线视觉流程**：其动态性比较强，个性特征非常鲜明，常常用于表现突出动态或个性化的设计。另外，斜线视觉流程稳定性相对较差，要特别注意画面的整体均衡。

- ◆ **曲线视觉流程**：是指将版面中的视觉元素按曲线的方向进行排列，让版面舒畅、自然、饱满以及充满张力。虽然曲线视觉流程不如直线、斜线视觉流程那样直接鲜明，但其形式变化多样更具有韵味、节奏和动态美，能在有限的空间中穿插回旋，营造出轻松舒展的气氛。

（二）导向视觉流程

导向视觉流程是指将图形、文字或色彩等设计元素从主到次、从大到小构成一个有机整体，形成一个重点突出、流程动感的视觉组合，然后引导受众按照预设好的方向进行阅读。版面中的导向形式多样，如文字导向、肢体导向、指示导向和形象导向等。

- ◆ **文字导向**：利用文字排列组合后的点、线与面的特点，引导视觉走向。
- ◆ **肢体导向**：利用人体的肢体语言或手部动作的方向性，引导视觉走向。
- ◆ **指示导向**：利用符号的方向性特点将视线引向主体，引导视觉走向。
- ◆ **形象导向**：利用众多的事物特征，引导视觉走向，如钟表的指针。

（三）反复视觉流程

反复视觉流程是指由于相同或相似的视觉元素重复出现在版面中，而产生的一种有秩序、节奏与韵律的运动，给人以视觉上的重复感。反复视觉流程被广泛应用于艺术设计中，通过元素的处理方式能产生强烈的节奏和秩序美感，既能强调主题加深受众的印象，又能使版面形成强烈的视觉效果，是视觉传达设计的常用形式之一。

如图 3-8 所示，在该网页中运用了重复图像与文字排版，可以加深受众的印象，充满动感，让受众感觉有规律。

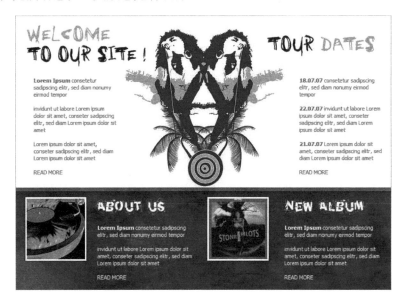

图 3-8　反复视觉流程设计效果

（四）散点视觉流程

散点视觉流程是指版面中的视觉元素（如图形、文字等）之间的组成关系不拘泥于规则、严谨的编排方式，而是强调感性、自由、随意以及分散的排列组合状态，可以有规律，也可以随意调整。散点版面充满自由、轻快之感，可以凸显设计人员的个性和想法。图片和文字大小、主次的灵活搭配，能使受众的视线在版面上自由地转换，拥有散而不乱的视觉体验。

如图 3-9 所示，该版式设计中多个产品图片采用散点放置的方式，使版面呈现轻松、自由的视觉效果。

图 3-9　散点视觉流程设计效果

（五）重心视觉流程

重心是指人生理上的视觉重心，而不是几何意义上的中心。在版式设计中，重心视觉流程是指在版面中选择某处位置进行重点信息的传达，即使用一个重要元素占据版面的重点位置，突出其要表达的信息。通常情况下，重心视觉流程可以从向心、离心、顺时针旋转以及逆时针旋转等方面来考虑。根据主题表达的内容，版面的重点可以是直观的呈现，使主题变得更加鲜明、生动；也可以是隐藏其中的表达，引起受众的深思与共鸣。

如图 3-10 所示，该版式设计中的重心位于灯泡图形元素上，运用多个大小不等的灯泡图像元素来表现，使版面展现活跃、主题鲜明且充满动感。

图 3-10　重心视觉流程设计效果

3.2 版式设计的基本构图元素

点、线、面是构成视觉空间的基本元素，也是版面构成的主要语言。在版式设计中，通常由"点"到"线"，由"线"到"面"，它们之间是相互依存、相互作用的关系，能够组合成各种各样的形态，让版式更加富有创意。当然，不管版面的内容与形式多么复杂，最终都可以简化到点、线、面上。

3.2.1 点

点是所有空间形态中最简洁、最基本的元素，也是最活跃的元素，并不由自身的大小决定，而取决于与其他元素的比例。点的性质是由其在空间所占面积决定，面积越小，性质越活泼。点的存在不仅能让版式的布局凸显合理舒适，还会使得版面变得灵活，具有更强的吸引力。

如图 3-11 所示，该食物宣传册中的图标、Logo 以及正文标号都可以被称为"点"，它们可以让版面内容的条理更加清晰。同时，餐盘中的食物也可以看作一个"点"，在白色餐盘的衬托下"食物"的主题显得更加醒目，吸引受众注意。

图 3-11 宣传册中的"点"

（一）"点"的构成与表现

在版式设计中，"点"是无处不在的，在有限的版面中能够起到点缀作用。与其他构图元素相比，"点"更灵活且富于变化，不同的构成方式、大小或数量等都能形成不同的视觉效果。"点"的编排方式主要有两种，分别是密集型编排与分散型编排。其中，密集型编排是指将数量众多的"点"疏密有致地混合排列，以聚集或分散的方法形成构图效果；分散型编排是指运用剪切和分解的基本手法来破坏整体形态，破坏后形成新的构图效果。

（二）"点"的编排方式

不同组合与排列的"点"，会给受众带来不同的视觉感受，不仅可以作为版面中的主体独立存在，还可以与其他元素组合起到点缀、平衡以及活跃版面的作用。在版式设计中，不但要考虑到"点"的数量和分布方式，还要对其位置进行安排，以达到更好的效果。其中，"点"的位置安排有如图 3-12 所示的四种情况。

"点"分布在版面的中心，可以突出主体，使视觉对称，整体形成稳定的感觉，是比较常见的版式。

"点"分布在版面的左侧，符合从左至右的视觉习惯，受众的视线会首先停留在版式的左侧。

"点"分布在版面的上方，受众的视线会向上移动，上方的重心增强，从而提高注意力，而下方的文字就会形成下沉的感觉。

"点"分布在版面的右侧，打破了常规的视觉习惯，受众的视线会优先放在右边的内容中，然后移动到版面左侧的文字上。

图 3-12　"点"的分布位置

在版式设计中，没有明确规定"点"必须放在哪个位置上，设计人员可以灵活运用"点"来调整版面的视觉效果。通过对"点"的排列能够使版面产生不同的效果，给受众带来不同的心理感受。

3.2.2 线

"线"是由无数个"点"构成，是"点"的发展与延伸，由"线"构成的视觉元素更加丰富，表现形式也更多样。"线"在版面中的构成形式比较复杂，分为实线、虚线以及肉眼无法看见的视觉流动线，而实线则是最常见的形态。其中，"点"只能作为一个独立体，而"线"能够将这些独立体统一起来，具有引导、装饰以及组合与分割版面元素的作用。

如图 3-13 所示，可以将杂志中 3 列文字中间的空白区域看作一条线，这两条线就具有分割的作用。

图 3-13　杂志中的"线"

 小贴士

运用"线"可以对版面进行分割，分割时不能忽略各种元素之间的联系，需要根据具体内容划分空间，常用的分割方式有以下四种。

◆　将相同或相似的形态进行空间等量分割，形成秩序感。

◆　运用直线对图文进行空间分割，使版面清晰、整齐。

◆　使用线条对空间进行分割，使版面具有对比效果和节奏感。

◆　在分栏中加入直线进行分割，使栏目清晰明了、易读性强。

3.2.3 面

"面"是"线"的发展和延续，两条水平线和两条垂直线共同构成的范围，可以视为一个"面"。在版式设计中，由"面"组成的图形比"线"或"点"组成的图形更具视觉冲击力，可以作为版面背景以突出重要信息，从而达到更好的传达效果。

"面"没有固定的形态，而不同形态可以传达出不同的情感。其中，直线型的"面"具有稳定、有序的效果，曲线型的"面"具有柔软、舒适的效果，不规则的"面"具有生动、活泼的效果。

如图 3-14 所示，该海报中间部分的主推食物就是版面的"面"，占据了版面 50% 的区域，因为所占面积较大，所以更具吸引力。

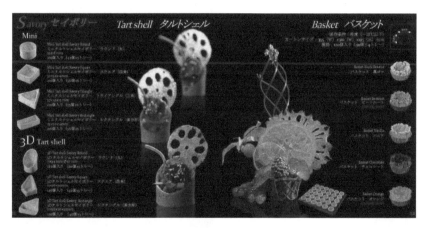

图 3-14　海报中的"面"

3.3 版式设计的布局

布局是版式设计的核心，体现作品的整体设计思路。其中，版式设计的布局类型有多种，如骨骼型、满版型、分割型、中轴型、曲线型、倾斜型以及对称型等，每种布局方式都有自身的特点与优势，通过对多种布局的了解，可以设计出更加完美、优秀的作品。

（一）骨骼型布局

骨骼型是一种规范、理性的分割方法，基本原理是将具有重复性与组合性的画面，运用骨骼划分为不同的区域，每个区域具有不同的功能。简单而言，骨骼型布局就是将所有的设计元素用一定的骨骼框架框起来进行排版，从而让受众获得和谐、统一的视觉效果。

常用的骨骼型布局有横向栏和竖向栏分割，具体又细分为通栏、双栏、三栏和四栏等，应用中以竖向分栏居多。图片和文字在编排上，严格按照骨骼比例进行排版，可以给受众以严谨、和谐与理性的美。这种版面视觉感受平稳、舒适，操作也比较简单，是一种不容易出错的布局模式，常见于活动海报设计与杂志设计，如图 3-15 所示。

图 3-15　骨骼型版式设计

在版式设计中，骨骼型布局的分栏是指将文字、图形按照一定的方式与区域编排，从而使图文的编排富有序列感。

（二）满版型布局

满版型布局是一种版面利用率比较高、留白比较少的布局方式，主要以图像传达信息，图像充满整个版面，视觉传达直观而强烈。根据版面的需要，文字通常放置在上下、左右或中部（边部和中心）的图像上，层次清晰、传达信息准确明了。

满版型布局最大的优势在于能够让受众感受到内容的紧凑感，让版面的气氛表达得更加充分，给人大方、舒适的感觉，具有传播速度快、视觉表现强烈的宣传效果，常应用于产品广告的宣传中，如图 3-16 所示。

图 3-16　满版型版式设计

（三）分割型布局

分割型布局是指利用一条较为明显的分割线，将整个版面分为两部分，分割比例可以根据画面效果进行调整，一部分配置图片（单幅或者多幅）或视觉冲击力强的内容，另一部分则配置文字。分割型布局分为上下分割和左右分割两种类型，其具体介绍如下。

◆　**上下分割型**：把整个版面分为上下两个部分，在上半部分或下半部分配置图片，另一部分则配置文案。配置有图片的部分感性而有活力，文案部分则理性而静止。不过，图片不一定是照片，也可以是设计的主题或标题。

◆ **左右分割型**：把整个版面分割为左右两个部分，分别在左半部分或右半部分配置文案。由于视觉习惯的问题，当左右两部分形成强弱对比时，容易造成受众视觉心理的不平衡，所以没有上下分割型的视觉流程自然。不过，将分割进行线虚化处理或将文字左右重复或穿插，版面图文则会变得自然和谐。

很多时尚杂志都会采用一边全图片，一边全文字的排版方式，通过分割对比可以显得更加大气。同样，也可以把主题抠图出来并将其放大，突破版面的常规布局，这样图片和文字就有大小对比，版面更有层次感，不会显得呆板无趣，如图 3-17 所示。

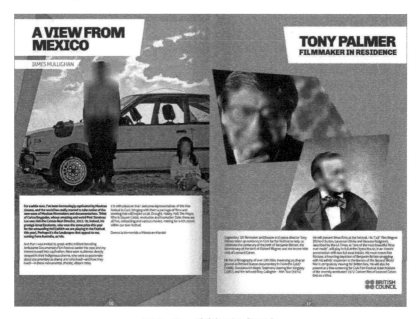

图 3-17　分割型版式设计

（四）中轴型布局

中轴型布局是将主要内容集中在一起，然后沿版面的水平线或垂直线的中轴进行排列。当版面内容较多的时候，沿中轴水平方向排列可以给人以稳定、平静以及含蓄的感觉，沿中轴垂直方向排列则可以给人以舒畅的感觉；当版面内容较少时，具有疏离、含蓄之感。

　　中轴型布局属于一种对称的构成形态，标题、图片以及说明文字等内容放在轴心线的两边，具有良好的平衡感。根据视觉流程的规律，在版式设计时要把诉求重点放在左上方或右下方，如图 3-18 所示。

图 3-18　中轴型版式设计

（五）曲线型布局

　　在曲线型布局中，图片或文字在版面结构上做曲线的编排构成，形成一种较强的动感和韵律感，并呈现起伏的节奏感，如图 3-19 所示。

　　曲线型布局具有流动、活泼的特点，曲线和弧形在版面上的重复组合可以呈现流畅、轻快并富有活力的视觉效果，比较适合轻松、灵活的主题。当然，设计人员在编排时要注意曲线的走向，使其形成统一的节奏与韵律，否则容易出现混乱。

图 3-19　曲线型版式设计

（六）倾斜型布局

倾斜型布局是对版面主体形象或多幅图像进行倾斜编排，从而造成版面强烈的动感和不稳定效果，吸引受众的视线。该布局方式刻意打破了稳定和平静，赋予文字和图像强烈的结构张力和视觉动感，通常倾斜的角度越大，不稳定感就越强烈。另外，依据倾斜方向不同，倾斜型布局又分为左倾斜和右倾斜两种类型，如图 3-20 所示。

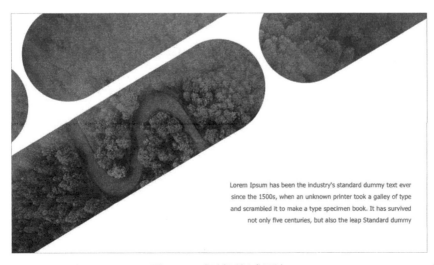

图 3-20　倾斜型版式设计

（七）对称型布局

对称型布局属于分割型布局，是把整个版面分成上下或左右两部分，分别安排图片和文字，对称一般以左右对称居多，是一种比较常见的版面编排形式。在对图片和文字进行编排时，需要按照相应比例进行分割编排配置，给受众以严谨、和谐和理性之美。

对称型布局可以给受众带来稳定和安全感，具有一种均衡的美感，版面中的两个部分会自然形成对比，有图片的部分具有渲染性，而文案部分则理性、沉静。此外，对称型布局也容易产生平庸、刻板的感觉，所以设计人员要在图像、色彩等方面进行全面处理，如图 3-21 所示。

图 3-21　对称型版式设计

 小贴士

在对称型布局中，主要分为两种方式，即相对对称与绝对对称。其中，相对对称是指对称双方或多方的量相同，但形状和颜色不同；而绝对对称是指对称双方或多方的量、色和形都相同，是最方便且效果较好的排版方式。

3.4 版式设计的形式法则

版式设计是重要的艺术表现形式，由于文字和图形结合的可变性，不仅可以使版面产生强烈的空间感、韵律感与节奏感，还能让版面达到统一、整体的构图效果。其中，形式法则发挥着重要的作用，通过学习版式设计的形式法则，不仅可以帮助设计人员克服设计中的盲目性，还能为设计前期的思考提供丰富的内涵。

3.4.1 对称与均衡

在版式设计中，巧妙地运用对称与均衡的法则，可以稳定版面的构图效果，增强视觉平衡，使版面更显理性、庄重和严肃。

两个同形的并列与均齐，就是最简单的对称形式。对称是指以某一点为中心，其左右或上下因同等、同量和同形而形成的平衡。对称的形式也有很多种，以中轴线为轴心的左右对称，以水平线为基准的上下对称，以对称点为源的放射对称，以及以对称面出发的反转形式等。

对称的版式设计具有稳定、庄严、整齐、秩序、安宁和沉静的特点，如同中国古代宫殿一样庄重、严肃，体现一种古典主义的风格。如图 3-22 所示，该图像中的产品以对称的形式左右排列，带给受众平稳、有序的视觉感受。

图 3-22　对称构图

　　均衡是指版面以某一点为中心，其左右或上下同量且不同形的平衡。均衡是一种变化着的平衡状态，也是人们的基本生理与心理需求，具有变化的统一性，体现视觉上动与静相结合的动态之美。在版式设计时，根据内容的逻辑性，将各个要素按主次、强弱关系进行排版，可以获得视觉上的均衡感，表现为呼应关系或起承关系，从而激发受众的情感诉求。

　　如图 3-23 所示，该版面以一头大象为中心点，通过上下元素的轻重使版面获得受众心理上的均衡。

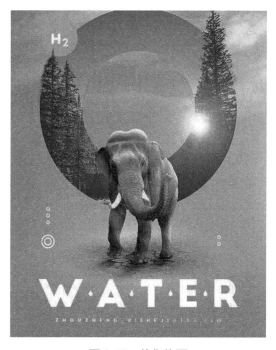

图 3-23　均衡构图

　　其实，对称与均衡是一对统一体，经常表现为既对称又均衡，实质上都是求取视觉心理上的静止和稳定感。以某个版面为中心形成对称均衡关系的图形和文字，在形与量上大体相同，如果能根据内容对其进行细微调整，那么该版面就会变得生动有趣。

　　另外，形成对称或均衡关系的可以是文字与文字、图形与图形以及图形与文字。通常情况，形成对称或均衡的文字和图形，如果一部分简单而实，另一部分就可以复杂而虚；如果一部分形粗大而色轻淡，另一部分就可以形纤细而色浓重。

3.4.2 ◀ 节奏与韵律

运用节奏与韵律的法则，可以使版面中图文的编排富有乐感和情调，创造出色彩鲜明、形象独特的视觉效果。节奏与韵律来自音乐的概念，也是版式设计常用的形式。

节奏是指单体按照一定的条理、秩序、重复连续地排列，形成一种律动形式。节奏有等距离的连续，也有渐变、大小、长短、明暗、形状以及高低等的排列构成。节奏是均匀的重复，是延续轻快的感觉，它的重复使单纯的更单纯、统一的更统一。在版式设计中，当节奏变化小时，版面效果缓和与轻柔；当节奏变化大时，版面效果激动、高亢且振奋。

如图 3-24 所示，该广告画册通过不同的乐器反复排列在一起，让受众处于感受音乐轻松节奏的氛围当中。

图 3-24　节奏构图

当节奏发生变化，注入美的因素和情感就形成了韵律，即韵律是通过节奏的重复而产生的。韵律是一种规律性的变化，是比节奏更高层次的律动，也比节奏更加轻松而优雅，能增强版面的感染力和艺术表现力。从本质上而言，静态版面的韵律感主要建立在以比例、轻重、反复以及渐次的变化为基础的规律形式上，通过各种视觉要素逐次运动而出现韵律感和秩序感。如果节奏变化太多或者太强时，容易破坏韵律的秩序美。

如图 3-25 所示，该海报版面采用大弧度的曲线、各种图形作为背景，使版面流畅、富于韵律。

图 3-25　韵律构图

通常情况下，节奏感和韵律感会同时存在。不过，细分可以发现，节奏主要强调节拍，而韵律主要强调变化。如果韵律感不够，则缺少了变化，过于直白、呆板；如果节奏感不强，则变化中会缺少条理。

3.4.3 虚实与留白

运用虚实与留白的法则，可以使版面获得庄重和空间感。在版式设计中，没有放置任何内容的空间被称为"留白"，留白与真实存在的内容是相辅相成的，其最大的作用是引人注意。版面中的"虚"可为空白，也可为细弱的文字、图形或色彩等，需根据版面内容而定。

为了衬托、强化主体，可以将其他部分削弱为"虚"，从而使版面的空间更具层次。甚至以留白来强调主体的"实"，所以留白是一种"虚"的存在，是版面"虚"处理中的特殊手法。

通常情况下，受众会将目光集中在图片和文字上，但从美学角度看，留白与图片、文字有同等重要的意义，能够更好地衬托图片和文字信息，因为留白能让受众感受到轻松。因此，在版式设计时巧妙地利用留白，讲究空白之美，可以集中受众视线，更好地衬托主题。

如图 3-26 所示，该海报的版面真实与留白相互影响，非常有创意。同时，留白能给受众带来轻松的感觉，从而吸引受众注意力。

图 3-26　留白构图

3.4.4 对比与协调

运用对比与协调的法则，可以使版面活泼而不失统一。对比是差异性的强调，能使视觉效果更生动、强烈，富有感染力与活力，从而使受众记忆深刻。通过相同或相异的元素比较，产生大小、明暗、黑白、强弱、粗细、疏密、高低、远近、硬软、直曲、浓淡、动静、锐钝及轻重的视觉效果，并且对比关系越清晰，视觉效果就越明显。

单独出现的一个元素无法正确判断它的特性，只有通过与其他元素的比较，才能做出正确判断。在版式设计中，文字与文字、图形与图形、实体与空白等处处都存在对比关系，通常是多种对比关系同时存在，以产生丰富的表现效果。

如图 3-27 所示，该海报版面运用了人物的大小、远近进行对比，同时还具有色彩纯度、明度和色相的对比，使受众获得视觉上的平衡感与震撼力。

图 3-27　对比构图

协调是指合适、舒适、安定与统一，使两者或两者以上的元素相互具有共性，而协调的版面会给受众带来愉悦的视觉效果。其中，版面的协调主要分为两种情况：一是内容与形式的协调；二是版面各部位、各元素之间寻求相互协调，即对比的同时获取调和。由此可知，对比与调和是相辅相成的，协调是一致性，对比是差异性。

如图 3-28 所示，该海报中的背景色、文字、线条与产品的风格一致，彼此渗透、相互依存，版面充满了和谐统一之美。

图 3-28　协调构图

小贴士

在版式设计中，除了前面介绍的几种形式法则外，秩序与突变也是一种比较常用的形式法则。秩序是指版面各视觉元素以有组织、有规律的形式表现，能体现版面的科学性和条理性，能使版面具有简明的结构和有序的视觉效果；变异是规律的突破，是一种在整体效果中的局部突变。经过突变后，整个版面更具动感、更引人关注，同时主题更加突出。如果在秩序中添加了突变，版面就会呈现平衡与动感统一的视觉效果。

图片的应用与搭配很讲究

在版式设计中，图片具有非常重要的意义，是不可缺少的一部分，一些用文字很难传达的信息、感受与思想，都可以借助图片来沟通。因为与文字比较，图片所带来的视觉感受更直接、更具体。

PLAY

- ▶ 图片清晰度要高
- ▶ 最佳的图片尺寸
- ▶ 动图的动感效果要好
- ▶ 什么样的图是优质好图
- ▶ 直线构图产生视觉冲击力
- ▶ 图片的位置
- ......

- ▶ 图片大小要求能快速打开
- ▶ 图片的光线效果要好
- ▶ 水印图片要具有推广作用
- ▶ 信息展示要有主次
- ▶ 发散构图聚焦设计突出主题
- ▶ 图片的面积

4.1 应该准备什么样的图片

在版式设计中，图片素材是非常重要的元素，图片素材是指没有经过任何加工、零散且没有被整理过的图片。选择合适的图片素材并对其进行适当的艺术加工，才可以为版面打造出亮眼的视觉效果，为产品营销增添色彩。

4.1.1 图片清晰度要高

高清图片是决定受众良好第一印象的关键因素，它可以体现产品的价值，直接影响受众的判断与购买欲望。

如图 4-1 所示为一张背景简洁且主图清晰的图片素材，不仅画质高清，而且产品的拍摄角度也比较合理，从而能通过视觉感受突出产品的品质，吸引受众的注意力。

图 4-1　高清图片素材

如图 4-2 所示为背景杂乱且主图模糊的图片素材，该张图片的背景随意，容易给受众带来一种毫无亮点、平淡无奇的视觉感觉。如果在版式设计中选择这样的图片素材，很难引起受众的关注，也达不到产品的营销效果。

图 4-2　模糊图片素材

 小贴士

对于图片素材而言，除了需要拥有较高的清晰度外，还应该具有干净的图片背景，否则也会给受众带来不好的印象。

4.1.2　图片大小要求能快速打开

在选择用于发布到新媒体平台中的图片时，除了要选择符合文章主题内容且精美的图片以外，还需要选择大小适宜的图片，这样可以提高受众的阅读体验。在对新媒体平台中的图片进行编辑时，尽量将单张图片的大小控制在 1.5 ~ 2MB。其实，图片的文件格式有很多种，不同的文件格式会使图片具有不同的文件大小，常见的图片格式如下。

◆ **PSD 格式**：在保存时会将图像文件压缩，以减少占用磁盘空间，但该格式包含图像数据信息较多，所以相比其他格式的图像而言文件大很多。多数排版软件不支持 PSD 格式的图像文件，需要将其转换为其他占用空间小且存储质量好的图片格式。

◆ **BMP 格式**：是 Windows 操作系统的标准图像文件格式，能够被多种 Windows 应用程序所支持，但该格式包含的图像信息较丰富，几乎不进行压缩，所以占用磁盘空间过大。

◆ **TIFF 格式**：是一种无损压缩格式，可以在许多图像软件和平台之间转换。另外，TIFF 格式中可以加入作者、版权、备注以及自定义信息，并存放多幅图像。

◆ **JPEG 格式**：是一种有损压缩格式，最大特色是文件比较小，可以进行高倍率的压缩，是压缩率最高的格式之一。不过，JPEG 格式在压缩保存时会丢失一些肉眼不易察觉得的数据，所以保存的图像没有原图的质量好。

◆ **GIF 格式**：只保存最多 256 色的 RGB 色阶阶数，使用 LZW 压缩方式将文件压缩而不会占磁盘空间，所以 GIF 格式广泛应用于 HTML 网页文档中，或网络上的图片传输。

◆ **PNG 格式**：是一种无损压缩的位图图像格式，可以保存 24 位的真彩色图像，并且支持透明背景和消除锯齿边缘的功能，可以在不失真的情况下压缩保存图像。

控制图片的大小，主要是从受众的阅读体验出发的，因为过大的图片会耗费过多的流量，还会花费较多的图片加载时间，此时受众就可能放弃阅读该篇文章。

4.1.3 最佳的图片尺寸

在进行新媒体版式设计时，除了要注意图片的清晰度与精美度以外，还需要特别关注图片的尺寸。这不仅能保证图片的顺利上传，还能确保图片在版面中的协调性。其中，图片的尺寸有两方面的含义：第一，图片本身的尺寸大小，即像素；第二，在新媒体版式中图片显示的尺寸。

通常情况下，新媒体版式中的图片尺寸有一个固定范围，不能进行太大的调整。因此，为了保持图片的清晰度，在保证图片本身的尺寸大小的情况下，应提高图片的分辨率。然而高清显示的图片又具有较大的文件大小，会直接影响到受众的阅读体验。

因此，在保证图片高分辨率、能顺利上传以及不影响浏览的情况下，图片尺寸的处理方式就成了关键问题。简单而言，就是新媒体设计人员应该如何将高清图片的大小调整到合适范围，此时有两种方法可以实现，具体介绍如下。

（一）运用 QQ 软件截图

腾讯 QQ 软件自带截图功能，新媒体设计人员可以结合快捷键进行截图操作，然后以合适的格式对图像进行保存，即可得到新媒体版式大小的高清图片，其具体操作如下。

启动并登录腾讯 QQ 应用程序，打开需要调整大小的图片，按 Ctrl+Alt+A 组合键激活 QQ 的截图功能。在图片左上角按住鼠标左键并拖动鼠标，选择图像后释放鼠标左键，如图 4-3 所示。

图 4-3　选择截图范围

此时，会打开截图操作的浮动面板，单击"保存"按钮。打开"另存为"对话框，选择存储路径，设置文件名称与保存类型，然后单击"保存"按钮即可完成图像大小调整，如图 4-4 所示。

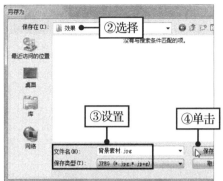

图 4-4　保存图片

小贴士

　　图片大小调整完成后，可以通过"属性"命令查看文件大小。其具体操作：在图片文件上单击鼠标右键，在弹出的快捷菜单中选择"属性"命令即可，如图 4-5 所示为图片调整前后的大小对比。

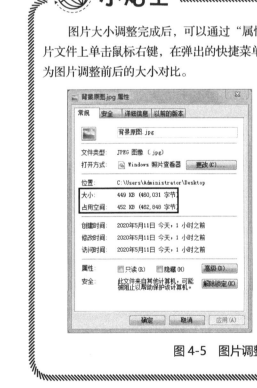
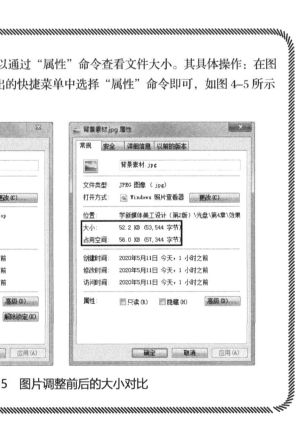

图 4-5　图片调整前后的大小对比

（二）运用画图工具

　　除了可以使用 QQ 软件截图功能将高清图片修改为普通大小外，还可以使用操作系统内置的画图工具实现目标，具体操作如下。

在桌面左下角单击"开始"按钮，选择"所有程序"|"附件"|"画图"选项。启动画图工具软件，在菜单栏中单击"画图"下拉按钮，选择"打开"选项，如图 4-6 所示。

图 4-6　启动画图工具

打开"打开"对话框，在相应的路径中选择需要修改的图片，单击"打开"按钮，即可打开目标高清图像，如图 4-7 所示。

图 4-7　打开图像

在菜单栏中单击"画图"下拉按钮，选择"另存为"|"JPEG 图片"选项。打开"保存为"对话框，选择存储路径，输入文件名称，单击"保存"按钮完成操作，如图 4-8 所示。

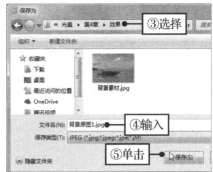

图 4-8　保存图片

4.1.4 图片的光线效果要好

随着生活水平的提高，人们对产品的品质要求越来越高。因此，新媒体设计人员在进行版式设计时，就需要选择出高品质的图片素材。通常情况下，光线好的图片素材要比光线差的图片素材，更容易带给受众好的视觉效果。如果把握不好图片素材的光线效果，不仅无法让版面呈现预期的视觉效果，还难以引起受众的阅读兴趣。

图 4-9　光线较差的图片

如图 4-9 所示为一张光线不足的图片，因为拍摄时没有把握好光线，所以整个画面呈现一种昏暗无光的感觉，让受众对图片中的产品失去兴趣。没有亮点的图片，缺乏质感的视觉效果，都是新媒体运营的大忌。

如图 4-10 所示为一张光线充足的图片，该图片的光线把握得当，给受众明亮、简洁的视觉感受，从而也会觉得图片中的产品也特别有质感。

图 4-10 光线较好的图片

4.1.5 动图的动感效果要好

很多新媒体人员在平台中发布含有图片的文章时，都会采用 GIF 动图格式，这种能动起来的图片可以吸引很多受众的关注。与普通的静态图片比较，GIF 格式的图片更具有动感，且表达能力也更强。因为静态图片只能定格在某一瞬间，不随时间而发生状态变化；而动态图片可以演示一个动作的全部过程，是一组特定的静态图像以指定的频率切换而产生某种动态效果，可以给受众带来生动形象的视觉感受。

如图 4-11 所示为某微信公众号中发布的文章，文章中设置了 GIF 格式动图，使版面内容更加生动有趣，可以吸引受众的目光。

图 4-11　公众号发布文章中的 GIF 动图

4.1.6　水印图片要具有推广作用

新媒体人员要想通过图片吸引流量，给图片印上标签是行之有效的方法。简单而言，就是在新媒体平台中为需要发布的图片添加专属个人账号的水印（即标签），从而推广相应的新媒体平台，扩大影响力。

通常情况下，给图片添加专属水印，可以在新媒体平台的后台进行操作，下面以微信公众号为例介绍相关操作。

在浏览器地址栏中输入"https://mp.weixin.qq.com/?token=&lang=zh_CN"，按 Enter 键进入微信公众号登录页面。在页面右上角输入账号与密码，单击"登录"按钮。进入个人微信公众号页面，在左侧列表的"设置"栏中单击"公众号设置"超链接，如图 4-12 所示。

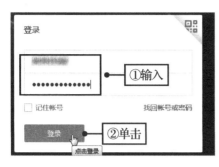

图 4-12　登录公众号

进入公众号设置页面，单击"功能设置"选项卡，在"图片水印"选项后单击"设置"超链接，如图 4-13 所示。

图 4-13　进入公众号设置页面

进入图片水印设置页面，选中"使用名称"单选按钮，单击"确定"按钮即可完成操作，如图 4-14 所示。

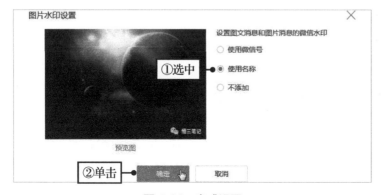

图 4-14　完成设置

4.2 优质封面图片的制作技巧

一篇优秀的文章与文章内容、文章排版密不可分。同时，作为文章的脸面，优质的封面图片也能大大提升文章的品位并抓住受众的眼球，从而影响新媒体平台上文章的阅读量与点击率。因此，选择合适的封面图片，是新媒体人员打造良好视觉效果的重要环节。

4.2.1 什么样的图是优质好图

在新媒体平台的文章列表中，通常会显示每篇文章的封面图片，而图片质量的高低直接影响文章的点击率与阅读量。如果封面图片比较切合新媒体平台的推送主题，符合受众的审美标准，那么就能激发受众的好奇心与阅读欲望，从而使文章的阅读量得到提高，如图 4-15 所示。

图 4-15 优质封面图片

那么，应该如何选择优质的封面图片呢？此时就需要了解优质的封面图片应具备的基本特征，具体介绍如下。

◆　简洁大方的画面。

◆　图片突出重点。

◆　强烈的视觉冲突感。

◆　能使受众产生亲切感。

◆　与众不同的背景。

对于新媒体人员而言，优秀的文章封面可以让受众眼前一亮，获得较好的视觉感受，从而激发受众对文章的阅读兴趣，进而直接向受众传递品牌与产品的重要信息，与此同时也节约了相应的推广成本。

4.2.2　信息展示要有主次

不管是新媒体平台中的横幅广告，还是各类推送文章中的图片，在信息展示时都需要分清主次，不能随意摆放。如果版面看起来平淡无奇、缺乏应有的活力，或是纷杂繁乱，这样既不能激发受众的兴趣，也不能实现传达信息的目的。其中，对产品的展示信息进行主次处理具有以下五点优势。

◆　提高品牌与产品的实际竞争力。

◆　信息清晰，能提高受众的关注度。

◆　提升产品认知度，扩大品牌影响力。

◆　视觉表达更加合理，起到较好的引导作用。

◆　增加点击率，在视觉上辅助交互。

通常情况下，产品主图的信息比较简单，只有产品图与品牌标识等元素，如图 4-16 所示。当然，有的新媒体人员会在产品主图上添加活动信息，这就要求在版面设计时对各类信息进行主次处理，排在第一位的应该是产品图形，然后是活动信息的内容，最后是位于版式左上方或右上方的品牌标识，如图 4-17 所示。

图 4-16　简单的主图

图 4-17　复杂的主图

若是不对产品主图的信息进行主次处理，受众就无法抓住产品营销的重点，也不会有较好的视觉体验，从而对品牌与产品失去兴趣与信心。

4.2.3 直线构图产生视觉冲击力

直线构图在静物、人像、建筑等各个方面都有广泛的应用，是提高版式设计最有效的方式之一。其中，水平线可以使版面富有静态美，给人带来稳定、平静以及安定的视觉感受，而且水平线构图能使版面向左右方向产生延伸感；

垂直线给人带来很有力的感觉，因为具有透视汇聚的效果，所以能使主题元素显得高大、宏伟，使版面在上下方向产生视觉延伸感，给人一种挺拔纤细、高高在上的视觉感受。

直线构图法能够充分展示产品的种类和颜色，更容易使受众在视觉效果上对产品进行比较。一方面，直线构图可以增加图片的视觉冲击力，令主体更加突出；另一方面，可以表现出静或动的状态，在增加画面美的同时起到刻画情感的作用，如图 4-18 所示。

图 4-18　图片的直线构图法

4.2.4　发散构图聚焦设计突出主题

在版式设计中，为了版面中实现产品多、功能多以及营养丰富等需求，就避免不了会出现很多元素，而且为了渲染气氛，通常还会加入装饰元素，所以版面就容易出现混乱。此时，新媒体人员可以利用发散构图，让主要元素按照规律从中心向四周发散或呈扇形发散，多个元素的排列就会变得有序很多，如图 4-19 所示。

图 4-19　商品主图的发散构图法

发散构图是版式设计中经常会使用到的一种构图技巧，既有夺目的形式感，也有力量感，追求强烈的发散、律动效果，受众很容易被版面强大的气势、跃动感以及高涨的氛围所吸引。通常情况下，发散构图法适用于较细长的商品，主要有以下五点优势。

◆ 版面动态感增强。

◆ 有力突破发散中心。

◆ 强烈的视觉冲击感。

◆ 视觉集中，突出主题。

◆ 动感且具创意，简单直白。

4.3 图片的编排注意事项

在版式设计中，图片是很重要的元素，图片的位置、面积以及数量等因素，都会影响整个版面的视觉效果。新媒体人员在对版面元素进行编排时，需要确保内容的和谐统一，若强行将某些图片按照自己的心意进行排列，难免会使这种和谐统一的状态遭到破坏。因此，新媒体人员需要特别注意影响图片编排效果的因素。

4.3.1 图片的位置

图片往往是版式中的视觉焦点，其摆放的位置将直接影响版面的构图与布局。在版式设计中，应该根据内容要素、视觉效果以及心理感受确定图片放置的位置。通常情况下，图片位置摆放的规律分为 3 种，即角点、背景和中心。

（一）角点

角点可以是两条线的交叉处，也可以是位于相邻的两个主要方向不同的事物上的点。通常情况下，图片的位置决定了版面的视觉重心，如果图片放置在版面角点处，整个版面可以给受众带来安定感和平衡感。

如图 4-20 所示，该版面以图片包围文字进行设计，不仅能让文字更好地传递信息，还能让图片起到平衡视觉效果的作用。

图 4-20　图片位于角点

（二）背景

在版式设计中，背景有着很重要的地位，不仅能简化、美化版面，还能烘托和突出主体。因此，在对背景进行处理时，既要丰富版式，又不能喧宾夺主。同时，背景还要符合整个版式的风格，以使版面主题鲜明、简洁与清晰。

如图 4-21 所示，该图片的背景为辅助色，不仅能让版面颜色变得丰富，还能让版面颜色的层次更加分明。

图 4-21　图片位于背景

（三）中心

版面的中心区域是非常重要的位置，如果将图片摆放到该位置，可以把受众的目光都集中到该处，然后向四周散开，使整个版面的信息得到更好的传递。

如图 4-22 所示，该海报中的文字较少，图片位于版面的中心位置，占据了较大的面积，当受众看到时可以被美食图片所吸引，进而关注美食的信息。

图 4-22　图片位于中心

4.3.2 图片的面积

通常情况下，图片面积决定着版面视觉效果和情感的表达，最终影响受众关注度的高低。在版式设计中，重要图片的面积通常比较大，给受众以视觉和心理上的强大冲击，成为关注焦点。而作为装饰用的图片，则需要适当缩小、呼应主题，形成主次分明的编排效果。

（一）大图片

在很多版面中，都有大图片的身影，满版型布局就是一种大图片的使用场景。在版式设计中，图片本来就比文字更有吸引力，将图片放大将会提高其吸引力。当版面中的图片面积较大时，可以很好地展示细节，带有强烈的说服力，对于版面信息有着较好的传达效果，如图 4-23 所示。

图 4-23　版式中的大图片

（二）小图片

在版式设计中，并不是只有大图片才能更好地传达信息，做得精致的小图片同样具有吸引力。当版面中的图片较小时，可以体现出集中、细致的感觉，虽然无法展示细节，但是拥有更强的视线引导作用，如图 4-24 所示。

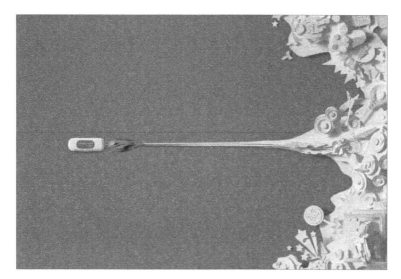

图 4-24　版式中的小图片

4.3.3 图片的数量

版面中图片数量的变化能够营造出不同的氛围，直接影响版式效果，也影响受众的阅读兴趣。若版面中没有图片，整个版面就会显得枯燥乏味；但添加一些图片增加趣味性，则可以使版面充满活力。

如果图片数量较少，可以使版面显得单纯、简洁与高雅；如果图片数量较多，可以使版面显得丰富、活泼，但也会使版面松散、混乱。因此，新媒体人员需要根据版面的内容确定图片数量，不能随意编排。

（一）数量少

一般情况下，在图片数量较少的版面中（甚至只用一张图片），可以有效突出图片的意境，使该图片的吸引力增强，也让整个版面更加简洁、直观。不过，此种版面中需要特别注意图片的选择与摆放位置。

如图 4-25 所示，该杂志是一个以文字为主的版式设计，版面中只有一张图片，且在固定的位置占据较大的面积，同时紧扣文字主题。

图 4-25　图片数量少的版面

（二）数量多

　　如果版面中没有图片全是文字，则会显得枯燥乏味，很难让受众想要继续阅读，相反图片较多的版面则更能够引起受众的阅读兴趣。不过，新媒体人员不能为了吸引受众而大量使用图片，应该根据版面的需求决定图片数量。同时，应尽量选择相同主题或色调的图片，以保证在视觉上紧扣主题，如图 4-26 所示。

图 4-26　图片数量多的版面

小贴士

其实，图片的方向与图片的设计也是影响图片编排效果的重要因素。

图片的方向可以是人们的视线动作，在版面中形成视觉动势，具有明显的视线导向作用。

图片的设计主要有 3 种形式，分别是简洁、夸张与写实。其中，简洁型的图片设计能让受众在繁杂的信息空间内获得安宁；夸张型的图片设计可以让版面充满情趣，让受众获得版面的艺术感染力和信息传达力；写实型的图片设计能让受众了解事物的本质，从而精准传递信息。

4.4 图片布局中如何用好形状

在版式设计中，图片作为一种设计主体，可以与形状进行创造性加工组合，从而形成形状图形。其中，最常见的形状元素是线条、圆形和矩形。使用形状图形设计版面，可以使版面更加新颖、突出，从而给受众带来新鲜感，进而提高其阅读兴趣。

4.4.1 线条的妙用

在第 3 章中对点、线、面的知识进行过讲解，不过点、线、面中的"线"可以是线条、文字或是看不到的视线等，而此处的"线"是很直观的线条。在版式设计中，线条是版面内最常见的形状元素，可以成为特定场景行业的必备元素，如科技、互联网以及医学等。通常情况下，线条在版面中具有三大作用。

（一）分割信息

分割信息最大的目的是划分层次，提升受众对信息的捕捉能力以及可辨识性。如图 4-27 上图所示，该版面中的线条起到了分割版面的作用，很明显让上下信息更具有层次感。如果去掉中间的线条，则整个版面就失去了层次感，如图 4-27 下图所示。

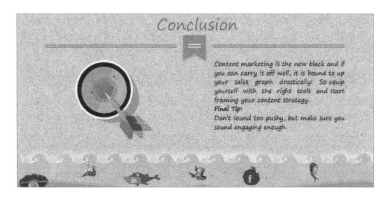

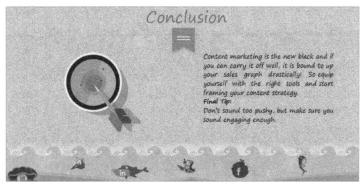

图 4-27　图片中的对比线条

（二）引导视觉

当版面中的信息繁多时，为了避免出现信息混乱，新媒体人员可以加入线条进行引导，建立起图片与信息之间的关系，如图 4-28 所示。

图 4-28　图片中的引导线条

（三）辅助表达

线条在一些情况下也能起到修饰、衬托的作用，即辅助版面中的其他元素进行表达，帮助受众了解版面所要传达的信息，如图 4-29 所示。

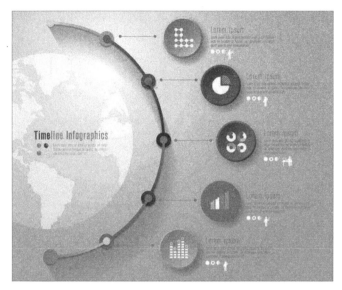

图 4-29　图片中的辅助线条

4.4.2 ◀ 圆形的妙用

圆形是版式设计中比较常见的形状元素，既是设计中的亮点，又能与背景很好地结合，突出展示主题内容，使版面更加形象。

（一）内容载体

圆形是版式设计中最常用的容器与逻辑表达出现频率最高的形状工具，可以装下各类数据或图标元素。

借助圆形这一容器，可以将多个图形放置其中，从视觉上使版面更加整洁有序。另外，当直接在版面上输入文字时，会发现文字容易被背景图片干扰，此时可以在文字下方添加一个透明度较低的圆形形状，以架框版面所传达的主体内容，如图 4-30 所示。

图 4-30　圆形载入文字

（二）凸显主体

如果需要在版面中加入一些图片素材，且要将这个图片素材突出显示时，就可以选择在图片素材底部添加一个圆形，这样可以加强视觉引导，吸引受众的注意力，如图 4-31 所示。

图 4-31　圆形凸显主体

（三）修饰版面

在版式设计中，如果版面过于单调，可以使用一些圆形进行修饰，就能轻易地赋予版面新的视觉感受，可以是渐变的圆形，也可以是半透明的圆形，如

图 4-32 所示。

图 4-32　圆形修饰版面

4.4.3　矩形的妙用

矩形基本上具备圆形的功能属性。例如，将矩形看作一个容器，装下各类图片，也可以采用局部放大的方式，运用到版式设计中。

图 4-33　矩形的使用

如图 4-33 所示，这些排版方式都是矩形形状，看起来就如同一个容器，可以在其中放入相应的文字。其实，这种具有层次感、整齐统一的编排方式，统称为卡片式设计。在版式设计中，卡片式设计非常高效，合理运用可以使版面呈现品质感与层次感。在进行卡片设计时需要注意以下四点事项。

◆ **对称式排版**：采用卡片式设计时，一般采用左右、上下的排版方式，需要注意矩形对称。

◆ **大小保持一致**：使用矩形卡片设计时，各矩形的大小宽度要保持一致。

◆ **合理的主次色调**：一个版面中出现多个卡片时，可以利用颜色进行区分，从而突出对应的信息。切忌多个卡片都保持相同配色，这样做毫无重点，也无法区分。

◆ **保持相应的距离**：卡片式设计可以突出有效信息，版面规整又有层次感。因此，需要保持版面左右、上下的距离一致，矩形也需要按照相同的距离间隔分布在版面中。

4.5　神器图片网站大集合

无论工具软件或者网站的功能有多强大，新媒体人员的最终述求是希望通过它们有效地解决图形与版式问题，从而为新媒体营销获取更好的效果。其实，网络中有很多比较好用的网站，可以帮助新媒体人员解决实际问题。

4.5.1　觅元素：免费抠图素材网站

觅元素是一家免费抠图素材网站，支持中文关键词搜索，提供位图、透明背景素材、高清 PNG、图片素材、漂浮元素、装饰元素、标签元素、字体元素以及图标元素等。如图 4-34 所示为觅元素首页面（http://www.51yuansu.com/）。

图 4-34　觅元素首页面

4.5.2 Shape Collage：将图片拼成马赛克效果

Shape Collage 是一款非常实用的拼图软件，拥有强大的图片拼接功能，可以将多张图片拼接在一起，组合成一张新的图片。同时，可以随意设置图片间距、拼贴大小以及图片数量等参数，从而制作出精美的拼贴效果。另外，Shape Collage 操作简单，功能完全免费，是一款非常不错的拼图神器。

Shape Collage 最突出的特点在于支持随意设置形状和尺寸，可以轻松制作任意形状的图片拼图，非常适合制作相册封面和展示图片，如图 4-35 所示。

图 4-35　图片拼成马赛克效果

4.5.3 Optimizilla：在线图片优化器

Optimizilla 是一款压缩 JPEG 和 PNG 图片至尽可能小的尺寸的终极图像优化器，能有效压缩图片大小，同时保证最佳质量，在上传到网络时也能减少流量、提高下载显示速度。在多数情况下，Optimizilla 可以实现优于其他软件的最佳图像压缩比，且操作便捷，最重要的是不需要下载和安装任何软件就可以实现。如图 4-36 所示为 Optimizilla 首页面（https://imagecompressor.com/）。

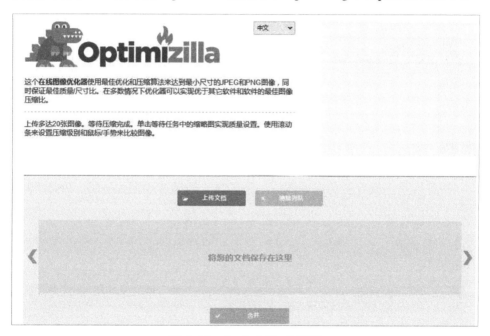

图 4-36　Optimizilla 首页面

4.5.4 iLoveIMG：图像在线编辑工具

iLoveIMG 是一款免费使用、无须注册的图像在线编辑工具，并且支持多国语言，主要以处理图片格式为主，常用的几种功能有图片压缩、调整图片尺寸、裁剪图片及图片转档。只需要单击鼠标，即可快速制作出动态的 GIF 图。如图 4-37 所示为 iLoveIMG 首页面（https://www.iloveimg.com/）。

图 4-37　iLoveIMG 首页面

4.5.5 图好快：优化图片大小

图好快是一款专业的在线图片压缩工具，包括 JPG 图片压缩、PNG 图片压缩、GIF 动态图片压缩，可以压缩图片大小，提高网站打开速度和图片质量，图片压缩效果明显。如图 4-38 所示为图好快首页面（https://www.tuhaokuai.com/）。

图 4-38　图好快首页面

设计中的字体
规划有学问

第5章

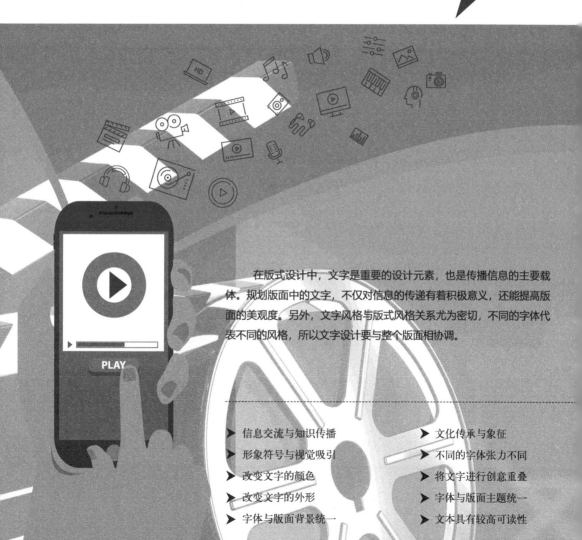

在版式设计中，文字是重要的设计元素，也是传播信息的主要载体。规划版面中的文字，不仅对信息的传递有着积极意义，还能提高版面的美观度。另外，文字风格与版式风格关系尤为密切，不同的字体代表不同的风格，所以文字设计要与整个版面相协调。

▶ 信息交流与知识传播　　　▶ 文化传承与象征
▶ 形象符号与视觉吸引　　　▶ 不同的字体张力不同
▶ 改变文字的颜色　　　　　▶ 将文字进行创意重叠
▶ 改变文字的外形　　　　　▶ 字体与版面主题统一
▶ 字体与版面背景统一　　　▶ 文本具有较高可读性

5.1 了解文字的功能

文字是人类用来记录语言的符号，是文明社会的标志，其许多功能是人类为满足生存、生活的需要逐渐开发与发展出来的。其中，信息交流与知识传播、文化传承与象征、形象符号与视觉吸引是文字最常见的功能。

5.1.1 信息交流与知识传播

从文字的发展历程来看，文字最初出现并不是为了交流，而是通过符号帮助人类进行记录，表达人类的愿望并阐述自己对世界的理解。当文字与声音结合以后，文字就有了交流的功能，从而解决了人类相互交流的困难。如图5-1所示为刻在龟甲和兽骨上的象形文字。

图 5-1　龟甲和兽骨上的象形文字

人与人之间的交流可以通过肢体、语言和图形来实现，但是它们都存在一定的局限性，而文字突破了这种局限，使人与人的交流可以跨越时间与空间的维度，把现在发生的事情与生活的经验通过文字记录下来，然后留给后人学习、借鉴。简单而言，没有出现文字就没有文化的广泛传播，而文字的产生加快了人类认识自然、认识社会的速度，同时还能表达出更复杂的情感。

5.1.2 文化传承与象征

文字是知识与文化的载体，记录着民族文化和历史发展的进程。在历史的发展过程中，文字与民族一直都是紧密联系的关系，即使延续数百年上千年的历史，文字与民族都发生了巨大变化，但是两者间紧密的关系一直没有变过。对于民族的各个组成部分而言，文字可以说是一个连接的桥梁，将民族文化中所有的内容组合在一起。

因此，文字将人类的各种活动记录了下来，使人类几千年的文明才得以传承和发展。此外，由于地域和种族的不同，各个国家、民族的特性也通过文字得到了发扬，并令文字成为文化特有的象征符号。例如，看到汉字就会想到中国，看到阿拉伯字母就会想到伊斯兰文化，而文字也就成为国家、民族以及宗教的象征。如图 5-2 所示为与中国节日有关的汉字。

图 5-2 汉字

5.1.3 形象符号与视觉吸引

文字从原始的图形文字演变成现代文字，除了记录历史、传递信息外，其本身也是一种特殊的视觉符号，具有图形之美。文字图形化最常见的形式就是利用汉字或字母作为主要元素，以此创作平面艺术作品。不同的时代、不同的文化背景，对图形有不同的理解，而文字却没有图形的此种特性。

另外，文字图形化具有快速、准确以及有效传递信息的特征，将文字语言转换为视觉图形语言，使文字突破了地域限制，一定程度上降低了民族与民族间的交流隔阂。

同时，随着现代商业的快速发展，文字图形化被赋予了全新的功能与价值，使文字更加具有美感。当我们谈起"华为""iPhone"以及"Adidas"等耳熟能详的品牌时，头脑中会呈现明确的文字形象，这些文字品牌、企业标识随着企业的发展，成为品质、价值和安全的象征。因此，文字除了自身所代表的意义外，还被越来越多的社会环境要求具有图形的象征意义和视觉感染力，如图 5-3 所示。

图 5-3　品牌标识

5.2　字体设计论成败

文字是语言的视觉形式，是传递信息的常用工具之一。文字本身具有自己的形态和含义，而字体设计可以为文字创造出新的形态，在处理上打破常规的外貌与结构，使其形成多种风格，更加具有创意与吸引力。

5.2.1 不同的字体张力不同

字体不仅可以代表文字的风格与样式，还是文字在视觉上的表现形式。通常情况下，我们可以接触到各种字体，主要来自报纸杂志、广告招贴以及包装挂历等，通过不同的形式可以传达不同的信息和情感，如图 5-4 所示。

图 5-4 不同形式的字体

为什么不同的字体可以给受众带来不同的感受呢？这主要是因为字体具有张力，而字体的张力又包括 4 个方面，分别是突出、创意、美观与达意，具体介绍如下。

◆ **突出**：在众多的表现形式中，字体需要注重某一种形象和意念，尽量让其更加具有吸引力。

◆ **创意**：打破传统的字体外形，对文字进行相应的加工与设计，使其更能吸引受众的目光，让受众有新奇或震撼的视觉感受。

◆ **美观**：不管以什么样的方式突出字体，或者对字体进行再创造，都要遵守美观原则，从而让受众在视觉上产生舒适感。

◆ **达意：** 在对字体进行设计与应用时，要使文字内容所表达的意思与整体的风格相符合。

在版式设计中，新媒体人员可以使用计算机系统中默认安装的字体。其中，常见的字体有宋体、楷体、黑体、隶书、仿宋以及行楷等，如图5-5所示。

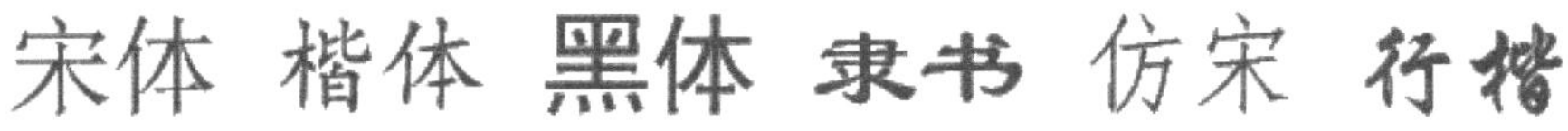

宋体　楷体　黑体　隶书　仿宋　行楷

图 5-5　常见的字体

除此之外，还可以在网络中下载当前比较流行的字体，然后将其安装到计算机中，如图5-6所示为几种流行的中文字体。

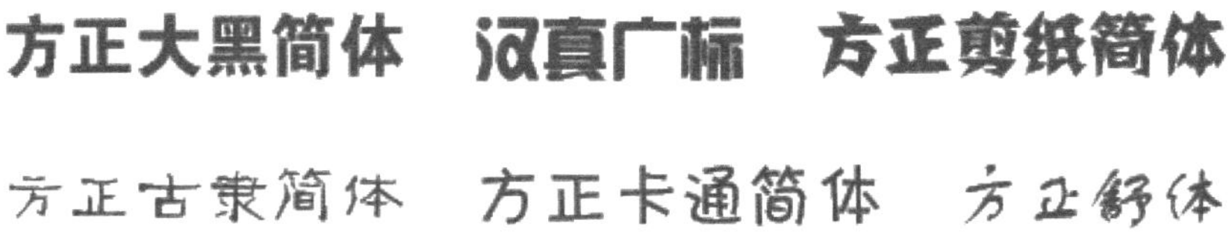

方正大黑简体　汉真广标　方正剪纸简体

方正古隶简体　方正卡通简体　方正舒体

图 5-6　流行的中文字体

此外，英文字体的变化更加灵活，所以字体种类也非常多，如图5-7所示为几种流行的英文字体。

Vijaya　　Agency FB　　Bradley Hand ITC

Atomic Clock Radio

Forte　Σψμβολ　DFPZongYiW5-B5

图 5-7　流行的英文字体

中文字体与英文字体除了可以单独使用外，还可以组合使用，不过需要考虑两种字体是否搭配，常见的组合方式有中文宋体搭配英文 Times New Roman 字体，中文黑体搭配英文 Arial 字体，如图5-8所示。

宋体＋Times New Roman　　黑体＋Arial

图 5-8　常见的中英文字体搭配

5.2.2 改变文字的颜色

在版式设计中，改变文字颜色是最简单的提高版面吸引力的方式，特别适用于英文字体，"Google"标志就是一个非常典型的例子。新媒体人员可以根据自身需要，参考其他好看的文字颜色，以发挥颜色变化在版式中的创造力，如图 5-9 所示。

图 5-9　改变文字的颜色

5.2.3 将文字进行创意重叠

什么是将文字进行创意重叠呢？

图 5-10　创意重叠的文字

如图 5-10 所示，左图为立体的艺术字，其实是黑白颜色的不同字体的文字通过重叠后实现的；而右图则是由相同字体的两个字母"U"和"S"组成的，将"S"字母逆时针旋转 30°，使两个字母部分位置进行重叠，然后为其填充特殊的图案。

从中可以看出，文字通过重叠处理后，设计感明显增强。简单而言，重叠法就是将文字的笔画相互重叠或将字与字相互重叠的表现手法，重叠能使文字产生 3D 空间感，通过重叠处理的实形和虚形，增加设计的内涵和意念，使单调的文字变得丰富。

5.2.4 改变文字的外形

在版式设计中，改变文字的外形，可以让文字从静止的文本符号跃升至视觉传达的角色，在字体形态、装饰性、趣味性以及娱乐性等形式上拥有了更加多元化的呈现。

改变文字外形是一种比较复杂的操作，通常需要借助其他图像软件实现，如 Photoshop、Illustrator、CorelDRAW 以及 Lightroom 等。如图 5-11 所示为改变文字外形后的效果展示。

图 5-11 改变文字外形后的效果

5.3 文字设计中的原则

版式设计就如同穿衣搭配，穿得好不好看，不仅要看衣服的品牌、质量，还需要看穿衣人的气质与该套衣服的搭配是否协调。文字与版面的搭配也是如此，需要字体与版面的主题、背景做到统一，同时还要具有可读性，整个版式才会吸引到受众的注意力。

5.3.1 字体与版面主题统一

目前，随着互联网技术的发展，新的字体也不断被开发出来，如方正系列字体、华文系列字体以及汉仪系列字体等。之后更是出现了一些非常个性化的字体，如剪纸体、喵呜体以及布丁体等。

随着各种创意的字体不断出现，新媒体人员深刻地认识到，使用不同的字体配合版面中所要传递的信息，内容更加贴切，获得的视觉效果也更好，如图5-12 所示。

图 5-12　演示悠然小楷字体

"演示悠然小楷字体"可能并不会让人觉得惊艳，但它却透着质朴、率真的气息，与图中背景搭配合理。另外，该字体笔画分明、字形较小、结构清晰，没有过渡的连笔和飞白，对阅读识别更为友好，同时不会造成太大视觉压力。

在同样背景的版面中，选择不同的字体会传递出不同的情感，从而影响整体主题信息的传达。因此，在设计和制作版面前，新媒体人员需要认真审视主题内容，从而确定版面基调。当版面为纯色背景时，其自由发挥的空间特别大，要传递的情绪是否符合主题信息，就需要通过字体来调整。

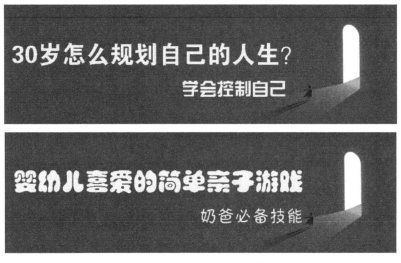

图 5-13　纯色背景与字体搭配

如图 5-13 所示，在相同的纯色背景中，通过选择不同的字体，可以实现两个完全不同的效果。上图中，选择比较严肃、规整的"方正大黑简体"和"方正综合简体"，恰好可以突出版面中的主题内容，使版面成为严谨的教学型；而在下图中，选择了活泼可爱的"方正胖头鱼简体"和"方正卡通简体"，从而使整个版面看上去充满童趣。

5.3.2　字体与版面背景统一

通常而言，卡通背景不与严肃的字体搭配，古典背景最好与手写字体搭配，而字体的排列与背景的视觉方向需要保持一致。从某种程度上来说，这些经验从共性中总结而来，虽然有道理但却比较刻板。因此，在实际的操作过程中，新媒体人员不仅要严格遵循传统经验，还要有所突破。

图 5-14　不同字体的版面

从文字与版面背景的协调度而言，图 5-14 的主题为时装宣传，左侧放置了一张欧美模特的时装照片，右侧为灰黑色的背景，所以整个版面应该体现时尚与国际范的视觉效果。不过，在左图中，选择了中规中矩的楷体字体，且颜色过于灰暗，明显与背景不太搭配；在右图中，对文字的显示效果进行了修改，将字体改为空心的"华文彩云"字体，将颜色改为渐变色谱，从而增强了版面的时尚感。

由此可见，在版式设计中，不仅要严格遵循字体设计的规则，还应该根据实际情况突破规则，从而实现整体设计感的提升。

5.3.3　文本具有较高可读性

简单而言，文本的可读性就是受众能够看到、看清楚文本的概率，更高的要求就是受众看到文本后是否很吃力？是否会感受烦躁？

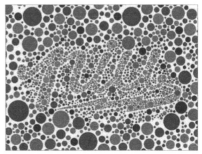

图 5-15　影响文本可读性的版面

如图 5-15 所示，文本可读性低的版面，让人看着很头痛，进而影响信息的传播效果。那么，在版式设计中，应该从哪些方面提高文本的可读性？其实，本章前面所讲述的文本处理技巧，都是为了提高文本的可读性，主要为以下几个方面的内容。

（一）字体的选择

新媒体人员在版式设计中，会使用各种软件制作与美化版面，但只能把这些软件当作辅助工具。在软件中对字体进行选择时，不应只考虑把文字做得特别花哨，而是应让其贴合主题，虽然文字可以有效地传递信息，但是不要企图利用文字来"讨好"受众。

（二）文本与背景的颜色

由于新媒体人员对色彩的认识会因为时间和空间发生变化，所以颜色搭配是一门特别复杂的学问。在版式设计的软件中，基本上都内置了标准色板，色板中罗列了比较常用的颜色以提供参考。当背景选择了某种颜色后，新媒体人员不知道文本的颜色该如何搭配，则可以在色板中选择与背景同色系但深浅不同的颜色。

（三）文本内容的排版

文字在版式设计中的第一要素是方便阅读，第二要素则是美观、创意。在版面中对文本进行排版时，不要让版面的内容太满，可以考虑使用留白或许更有档次；花哨的字体可以使用，但尽量用于文字较少、重点突出的主标题；同一版面中使用的字体、颜色不得超过 3 种，大标题、小标题与正文可以区分使用；尽量保持左右对齐，更利于受众舒适地阅读。

新媒体文案设计与编排技巧

第6章

撰写文案，是新媒体工作中很重要的一个环节，有时只需撰写出抢眼的标题就能决定文章的成败。虽然在日常工作中通常会有文案编辑专门负责内容的编写，但美工也需要懂得理解文案的核心内容，这样才能更好地对文章内容进行设计、编排，配图、制作。

> ▶ 按目的划分文案类型
> ▶ 按形式划分文案类型
> ▶ 开篇是文案成功的起点
> ▶ 文案结尾需要画龙点睛
> ▶ 文案配图更具吸引力
> ▶ 文案编排的通用技巧

> ▶ 按特点划分文案类型
> ▶ 标题是文案吸睛第一步
> ▶ 文案内容需要善于表达
> ▶ 为文案布局等于化妆
> ▶ 不可忽略的动图与视频

6.1 新媒体文案的常见类型

文案，是新媒体人传播信息的载体，需要根据目标受众的类型、客户的需求、媒体平台的特点选择相对应的文案形式，只有使用最切合的文案才能起到事半功倍的作用。那文案的具体形式有哪些？其应用特点是怎样的？下面具体进行讲解。

6.1.1 按目的划分文案类型

新媒体运营者推出一份文案总是希望达成一定的目的，因此，可按目的可将文案划分为品牌宣传类、活动推广类、产品促销、用户转化等常见类型。

（一）品牌宣传类文案

顾名思义，品牌宣传类文案并不是为了单个产品的促销，而是使用文案"宏观"地宣传产品品牌或企业形象。

产品宣传类文案，是按照品牌策略方向进行延伸，新媒体时代的产品宣传文案通常是运用品牌故事软文、品牌海报等方式在微信、微博做"双微宣传"，以及在小红书、简书、知乎、豆瓣等内容输出平台进行推广，同时兼顾淘宝、京东等网购渠道的推广，如图 6-1 所示。

图 6-1　品牌宣传类文案

（二）活动推广类文案

活动推广类文案是指进行产品或企业的宣传活动时，预先进行活动推广时的文案，告知众人某企业会在某日某时某地做怎样的活动，其关键是要尽可能多地让目标人群知道这件事，炒热气氛、聚集观众。如图 6-2 所示即为微博大V 协助进行活动推广的文案。

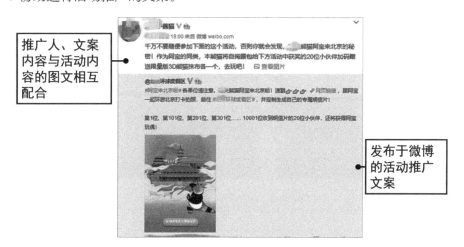

推广人、文案内容与活动内容的图文相互配合

发布于微博的活动推广文案

图 6-2　活动推广类文案

 小贴士

　　最有效的活动推广有微博转发抽奖、转发获得免费资源、微信求赞等方式，买热搜、请明星、网红转发微博都是常规手段。但在铺天盖地进行宣传的同时，活动内容与文案是否能够吸引人注意、是否能吸引目标人群在活动当日进行关注，则是最终的要点。

（三）产品推广类文案

产品推广类文案，顾名思义就是对特定产品进行推广。例如某产品新品上市、双十一时的首页主推产品、某产品的主播带货等。通常，这种文案会以海报的形式在媒体中呈现，如图 6-3 左图所示。

在新媒体时代通常并不局限于文字或图片的形式，短视频、淘宝直播等已成为当前最新的潮流。有人可能会说："直播是说话唱歌跳舞，又没有字，怎么会需要文案和美工？"

这种观点当然不太正确，其实成功的播主，在直播时使用的话术早已经过文案编辑，其背景展示的产品都有精选编排的痕迹，观众看到的画面也已经经过美工的巧手处理，如图 6-3 右图所示。

图 6-3　产品推广类文案

（四）用户转化类文案

用户转化是一个系列过程，从站外（本站引流）曝光到用户通过广告到达落地页，然后促使用户初步注册，吸引用户完善信息，最终成为消费者或使用者，如图 6-4 所示。

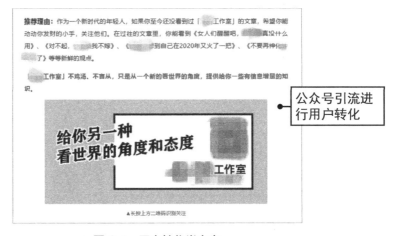

图 6-4　用户转化类文案

常见的用户转化有拼团九块九抢购、拼 × × 砍一刀、朋友圈转发点击免单等病毒式营销方法。所谓病毒式营销，是利用公众的积极性和人际网络，让信息像病毒一样复制，并数以万计地进行传播和扩散，如图 6-5 所示。

图 6-5　病毒式营销文案

6.1.2　按特点划分文案类型

文案可以按篇幅长短划分为长文案和短文案。

（一）长文案

长文案为 1000 字以上的文案，或者是拥有多张图片的图文相配文案。通常，长文案着重于内容的构建以及情感的表达。

（二）短文案

短文案是 1000 字以下的文案，最短甚至可能是几个字而已。通常，短文案使用要点在于快速打动读者，或者明确传递核心信息。

若是按广告植入方式进行分类，则可以将文案分为软广告文案和硬广告文案两种。

（三）软广告文案

软广告文案即不以宣传模式直接介绍企业、产品或服务等，与广告内容直接关联的东西。而是通过其他方式植入广告，例如在荡气回肠的故事中植入品牌广告、在热点时事中嵌入推广信息、在搞笑短视频中暗藏产品使用内容等。

软广告具有隐藏中潜移默化使受众接受的特点，美工常做的工作为根据文字搭配简单图片，如图6-6所示。

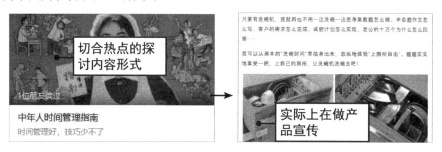

图6-6　软广告文案

（四）硬广告文案

与软广告文案相反，硬广告文案是通过将直接明了的宣传内容，发布到对应媒体渠道上的方式进行广告宣传，如图6-7所示。

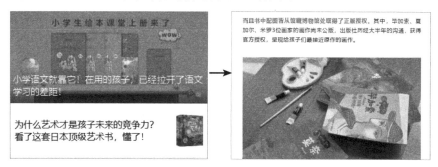

图6-7　硬广告文案

6.1.3 按形式划分文案类型

采用不同的媒体传播渠道进行广告宣传时，文案的表现形式也不同，常见的有纯文字文案、图片式文案、图文结合文案、混搭式文案等。不同的表现形式各有特点，下面分别进行介绍。

（一）纯文字文案

纯文字文案通常是通过恰到好处的描述，唤醒受众的情感需求，在引起读者情绪共鸣的同时，传递产品信息或抓住受众内心的欲望。在碎片文化的新媒体时代，需要细细品读的长篇纯文案通常会在知乎、得到、简书等注重内容输出的新媒体渠道中出现，短文案则常以文字海报的形式出现，铿锵有力地进行信息的传递，如图 6-8 所示。

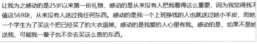

图 6-8　纯文字文案

（二）图片式文案

图片式文案其实就是一种图像型广告，广告内容以图片展示为主，不依赖文字或视频解说进行信息传递，有的广告画面中甚至没有文字，这种广告对美工的创意能力要求较高，如图 6-9 所示。

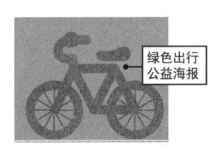

图 6-9　图片式文案

（三）图文结合文案

顾名思义，图文结合文案就是该宣传内容中既有文字又有图片，图文结合、相互映衬。文案创作的核心不是文笔的优劣，而是能否以符合逻辑的写作，在内容中体现思维和创意，传递思想与信息。

同时，作为新媒体美工，则需要根据文案中的文字内容，选择或制作出最切合的图片，与之搭配，创作出 1+1>2 的效果。其操作要点在于提炼文字的核心内容，看文配图选择最合适的画面，让受众脑海中产生关联印象，并且加深其记忆，如图6-10所示。

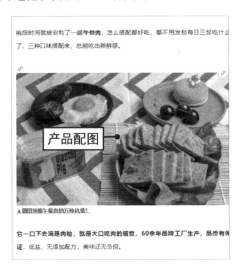

图6-10　图文结合文案

（四）混搭式文案

混搭式文案是指长文案广告中根据需要出现图片、动图、短视频等多种方式进行宣传，如图6-11所示。在新媒体时代，将多种宣传方式进行结合，更能抓住受众的注意力。

图6-11　混搭式文案

6.2 文案撰写中的四要素

文案是广告策划中的筋骨，撰写文案的目的是吸引受众注意，若是一篇不成功的文案交到美工手中，哪怕经过了绝妙的加工处理，也很有可能陷于茫茫网络中，溅不出太多水花。因此，美工编排文案的第一步，是要清楚文案撰写的要素，懂它才能更好地美化它。

6.2.1 标题是文案吸睛第一步

一篇文案是否能引人注意，第一步是拟定一个好的标题，标题是新媒体广告中首先展示的内容，若是标题不够吸睛，受众很可能不会打开正文看内容。那怎样才能写出爆款标题呢？

（一）爆款标题定律

所谓爆款标题定律，就是在写新媒体文案标题时必须要注意的要点，这并不是撰写方法，而是新媒体人在撰写标题之前需牢记的核心要素，如图 6-12 所示。

切合受众心理感受	分析目标受众，找到他们的痛点，根据其需求量身定做标题，这是撰写爆款标题的首要条件
符合媒体平台特点	每个新媒体平台都有自身的特色，标题特色必须符合平台定位，否则会导致水土不服。例如，注重内容及时性的微博和看重用户体验的小红书，很难共用同款标题与内容
标题与内容的契合	标题是一块敲门砖，但不能敲完了事，余下的内容若没法契合标题进行层层推进，吸引受众，会导致标题高亮后直接萎缩的恶果

图 6-12　爆款标题定律

（二）六大标题撰写类型

要想写出爆款标题，首先需要了解常见的标题类型有哪些，找准方向，才能进一步提升。常见标题类型如图 6-13 所示。

开门见山	开门见山地在标题中点明核心内容，可以直接吸引对关键信息感兴趣的受众，弹窗广告就是这种方法的典型应用
疑问标题	以疑问句或提出能引起受众好奇的观点作为标题，可以引导受众进行思考，诱使阅读。选择一个能引起目标受众共鸣的疑问句标题，相当于成功了一半
情感型标题	以抒情的方式撰写标题能够抓住痛点、深入人心，打动受众。例如《职场中能找到交心的朋友吗？》，这类标题就属于情感型
反常规标题	反常规是指标题以惊悚、反常识、违背常理、前后矛盾等面目出现，会让人产生疑惑探究的心理。希望解密，从而继续阅读
消息传递标题	结合时事、抓热点、新产品亮点展示、怎样解决问题等都属于传递某种消息的标题。受众可从内容中直接找到自己想知道的内容，或具体的解决方案
命令式标题	斩钉截铁的祈使句可以使用在励志鸡汤文中，或者撰写强硬的命令式标题，催促犹豫不决的受众做出最终决定。例如《送礼就送脑XX》广告就是如此

图 6-13　常见标题类型

除了以上常见标题类型外，还有提问式标题、目标导向标题等细分类别，新媒体文案撰写者可根据需要进行自由选择。

（三）爆款标题撰写方法

要想写出足够吸引人的爆款标题，需要抓住容易引人注意的要点，下面就介绍几种最常见的爆款标题撰写方法，如图 6-14 所示。

结合热点 蹭热点是提升内容阅读量、转发量的一种标题撰写方式。需要注意的是追逐的热点需要真正与产品内容相呼应，而不是简单"碰瓷"，硬蹭反而会导致受众产生反感

人通常都是有好奇心的，一个成功的标题可以利用短暂的两三秒钟，靠悬念挖掘出受众窥视全文的欲望，促使他们继续看下去 **提出悬念**

数据力量 数字比文字更易于引起人的优先注意与信息处理，因此，在标题中列举可观数据可以更快地使受众接受当前信息，并引导阅读

在需要运营的内容中找出与常人理解的概念相反之处，或者找到内容中的矛盾点，选用反义词或者具有强烈对比的词语，进行反差对比加深受众印象 **反差对比**

文字画面 切合主题的形象文字，能够给受众带来具有画面感的感受，这种标题能加深记忆、诱使阅读。例如，公众号中的美食宣传标题《一个卤肉锅盔，可以让我夹起全世界》

在撰写标题时使用"我""你""他"等人称代词，逼真的内容能够使受众产生共情带入自身情绪，因而更容易接受文章内容 **模拟代入**

独家与权威 在标题中透露出这是独家信息、权威内容，可以在引起受众注意的同时，激起更强烈的阅读兴趣，并促进后续的转发、点赞

图 6-14　爆款标题撰写方法

（四）爆款标题撰写实例

在撰写爆款标题时可综合运用撰写方法里提出的要点，例如"热点＋观点"的运用，热点话题与情感共鸣相结合，数据也可加上独家消息起到更具有说服力的作用，如图 6-15 所示。

图 6-15　爆款标题实例

 小贴士

在营销时，还有一种标题特别引人注意，那就是抓住大众喜欢"捡便宜"的心理，以"限时免费""打折促销""低至 ×××"等形式为标题的亮点，进行产品促销。类似的还有引诱式标题，抛出一个很多人都希望达到的愿望，然后提出解决办法，以此推出自己的观点，例如《只要你 ×××，就能 ××××》

6.2.2 开篇是文案成功的起点

当标题成功吸引受众的注意之后，还需要有一个好的开篇呼应标题，促使受众继续看下去。怎样的写法才能成为成功的文案开篇呢？下面就提供一些切实可行的方法。

◆ **呼应热点**：人们总是喜欢追求新鲜事物，抓热点这一操作并不是仅仅存在于标题中，文案的开篇如果能呼应标题抓住热点，再自然过渡到主题内容，通常能够提高挽留受众的概率。如图 6-16 所示，该文案在开篇第一段就抛出热点继而推销观点。

将别人家孩子和自己家的作对比，引起受众情绪共鸣

代入+悬念型标题

抓住疫情热点提升关注度

图 6-16　呼应热点的开篇

◆ **提出疑问**：通过开篇的一句话提问，可以抓住受众最关心的问题，抓住受众需求，引起其兴奋、疑惑的情绪，顺势带动阅读热情。销售类的文案则可以同时为产品的销售埋下伏笔，在文案自问自答的过程中，就潜移默化阐述了核心卖点，引导受众接受观点，自发进行购物，如图 6-17 所示。

提出受众可能会很感兴趣的各种疑问，诱使其继续看下去，以达到推销产品的最终目的

反差对比+悬念型标题

热门表情包配图相呼应

图 6-17　提出疑问的开篇

◆ **故事开篇**：以"故事"形式开篇，有时候是以对话的形式引出下文，有时是直接以软文故事的形式开始讲述，如图 6-18 所示。两种方法殊途同归，都是希望受众在不知不觉中继续阅读、接受观点。故事具有戏剧冲突这是一种天然的吸引力，更能打动人心。要想讲好一个故事，其要点和标题类似，也需要有悬念、冲突、热点、对比等多种要素支撑，对话就是一种引起"冲突"的方式。

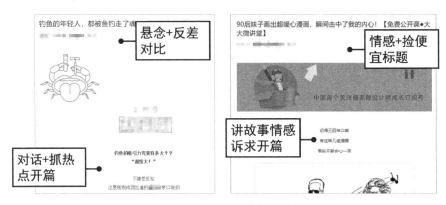

图 6-18　故事形式的开篇

◆　**抛出结论**：以抛出结论形式开篇，然后再用反推的方式撰写正文，这是一种直接明了的书写方式，同时也在制造悬念，受众会想知道为什么得出这样的结论，如图 6-19 所示。

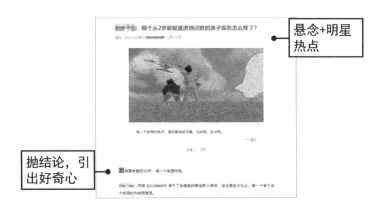

图 6-19　抛出结论的开篇

6.2.3　文案内容需要善于表达

当标题与开篇吸引住受众之后，就需要靠内容留住受众并打动他们，常见的内容撰写要点如下所示。

◆　**明确主题**：选择明确的主题，然后围绕主题进行内容阐述与画面设计，才能充分调动受众的感官与情绪，围绕中心思想进行体会，以顺利达到最终目的。

- ◆ **抓住脉络**：较长的文案需要在明确主题之后，将内容进行有效的整理划分，例如围绕主题写提纲，然后再根据提纲丰富内容。把握文章的脉络为其添加血肉，可以避免文章结构出问题，偏离诉求中心点。

- ◆ **控制节奏**：撰写文案时需控制文字的节奏，学会做加减法，保留内容中最精髓的内容，找到切合主题的表达。

- ◆ **烘托情绪**：空洞或单纯华丽的文字描述很难给人留下深刻的印象，而情绪则是具有煽动性的利器，无论是用自嘲、代入、倾诉、煽情等各种方式进行情感的引导,只有当文字能描绘出受众心中真正的渴求时，才能打动人。

小贴士

　　撰写文案内容时需避免生搬硬套，要真正从受众的立场出发进行思考，无论是遣词造句、知识内核、卖点把握等，都要符合受众的实际需求，而不是撰写从作者角度出发感动自己的"自嗨"型文案。

6.2.4　文案结尾需要画龙点睛

好的文案结尾能起到升华全文、画龙点睛的作用。文章的开篇是为了吸引人读下去，结尾则需要与受众产生互动性。文案受众最终是否能留言、点赞、转发、打赏、回购，是否能转化为长久客户等，这一系列问题都需要好的结尾来进行有力的把控。

怎样才能写出切实可用的结尾呢？有如下要点可供参考。

- ◆ **总结全文**：故事型、散文型或主题不太明确的文案，通常可以采用总结型结尾，能够帮受众提炼文字的中心内容，使其更清晰地认识文章的核心观点。在文末可使用"因此""所以""可见"等词语引出最核心的金句。

◆ **首尾呼应**：首尾呼应的结尾方式能使文章结构更完整，具体方法有升华主题、回答悬念、层层递进、表露中心思想等。呼应标题的文章最末端直接放链接或二维码，可拓展客源或引爆销量，如图6-20所示。

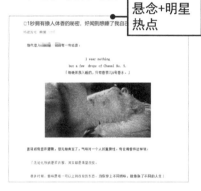
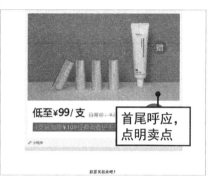

图6-20　结尾案例一览

◆ **反转结局**：以神转折的方式结尾能加深受众的印象，例如故事中突然出现带货图片，或内容前后不一致等都能够使人对结尾记忆深刻。

◆ **升华主题**：用层层递进、排比、引用、反问等多种方式升华主题，可以引发受众更多的思考，促进点赞、留言、涨粉。

 小贴士

　　在撰写知识性干货文案时，还可以用问句结尾，抛出一个话题，邀请受众继续进行问题的探讨，在抛砖引玉的同时，无形中留住了客户。

　　或者在结尾处运用一些指导性词句，可以引导受众进行实际操作。例如，点击二维码即可×××、点击原文×××、收藏它就能×××。

6.3 新媒体文案编排技巧提升

　　新媒体中常见的文案不仅是简单的文字表达，还要提升文字的编排设计，不能不管字体字号、密密麻麻地堆积在页面中。当然，还可以使用图片、动图、视频等内容对其进行编排，这样才能在充实内容的同时美化构图，使其更能引人注意，提升宣传效果。

6.3.1　为文案布局等于化妆

以文字为主的文案，在投放到新媒体平台中时，需要进行适当的排版布局使其美观易读，可做的操作有划分段落、标黑、加粗、用不同的字体区分内容等。就如同化妆，能够使版面平平无奇的文案更具吸引力。

如图 6-21 所示均为小龙虾的文案宣传广告，可以看到左侧图片为没有任何布局处理的文案，右侧则经过了段落样式、字体、颜色的布局编排，显然后者更容易引起人的注意，使人能快速抓住重点，产生购买意愿。

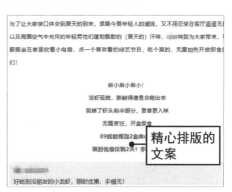

图 6-21　文案布局与未布局的区别

小贴士

进行文字布局的方法除了改变字体、字号外，还有设置段落标题、下划线、加粗、倾斜、设置行距、设置文字位置（左对齐、右对齐、居中）、设置颜色等。

6.3.2　文案配图更具吸引力

在纯文字文案中配上恰到好处的图片能够使内容更具吸引力，怎样配图都有一定的技巧可循，其内容如下。

◆ **上下分布**：在简书、知乎、微信等平台做简单版式的文案宣传时，直接在文字的上下方插入切合内容的图片，就可进行吸引力与美观度的提升，如图6-22所示。

图6-22　上下分布配图

◆ **左右分布**：这种排版方式在电商新媒体平台比较常见，文案与图片左右均衡放置，具有区别对应的特点，版式易达成视觉平衡，如图6-23所示。

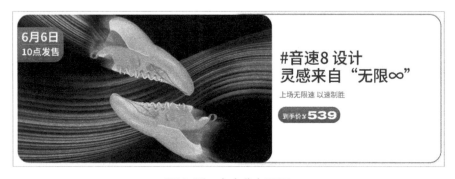

图6-23　左右分布配图

◆ **中心分布**：中心分布可以图片为底，文字为主要内容在中心位置，或文字环绕中心图片进行搭配。这种方式常见于海报设计、微博图片等，其画面设计感强，易引起人的注意。

◆ **对角线分布**：这种分布方式最有视觉冲击，通常文案是图片的辅助，内容以展示产品细节为主，如图6-24所示。

图 6-24　对角线分布配图

6.3.3 ▶ 不可忽略的动图与视频

如今，动图、短视频等元素在新媒体中越来越流行，动起来的画面比静止不动的更易引起人的注意，下面介绍可使用的"动"元素。

◆ **动起来的文字**：用专门的软件可以将文字制作成动图，例如 LegendAPP、Gif 动画制作软件等。灵活跳跃的文字能带来活力与吸引力，如图 6-25 所示。需注意的是，文字数目不宜过多，动起来的速度不能太快以免受众看花眼，颜色不应过于绚丽以致喧宾夺主。

图 6-25　动起来的文字

◆ **动图**：无论是伴随文字能动起来的图片，还是简单动态表情包都属于动图，动起来的图片可以提高受众的兴趣度，也很容易使人将视线集中在关键内容上。如图 6-26 所示，微信公众号推文标题下方置顶了公众号展示动图，例如左侧动起来的插图小条，右侧的文字动图，都能使公众号名字醒目，引诱人点击关注。制作动图有几个关键点，即有趣、美观、有创意、配色协调。

图 6-26　引人关注的动图

小贴士

在新媒体平台中使用恰到好处的动图，还可以展示出推广产品的优点，如颜色、功能等，如图 6-27 所示。使用动图时需和文字内容相配合，起到锦上添花的作用。

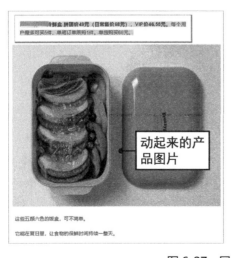
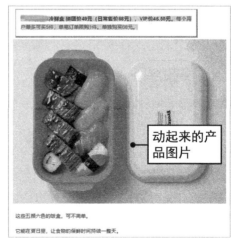

图 6-27　展示产品的动图

◆ **短视频**：微博、微信等平台可在文字内容中嵌入短视频，使用方法和
动图类似，根据文字内容找到最合适的视频进行搭配即可。专门的新
媒体短视频平台有：哔哩哔哩、抖音、快手、美拍、秒拍等，如图 6-28
所示。恰到好处的短视频需要有新意、能够快速说明主题、点明主题
亮点、搭配合适的音乐等。

图 6-28　新媒体中的短视频

6.3.4 文案编排的通用技巧

文案编排时无论是纯文字、配图文案，或者是动图文案以及视频为主搭配
字幕的文案，都有一些通用的编排技巧，具体介绍如下。

◆ **以人为主**：站在客户的立场，以受众的感受为编排目标，例如选择最
能打动人心的内容、图片或视频；提供足够的留白、选择恰到好处的
字体或色泽，使其便于阅读。

◆ **视觉想象**：无论是文字还是图片，都需要给受众留下足够的视觉想象
空间，干巴巴的介绍版面很难打动人心。如图 6-29 左图所示，用排
版将生动的文字和专业的图表数据作为重点突出展示，能够明确抓住
目标受众的惊慌、警惕心理。

- ◆ **去繁从简**：新媒体其实也是一种"速食"文化，无论是文字还是版式编排都应当言简意赅，将需要表达的思想展示之后即可结束。减法应用得体，反而可使细节值得推敲、惦记。

- ◆ **主次分明**：新媒体美工在进行版式设计时，需要仔细思考强调的内容是什么，可以置于次要位置的内容又有哪些，应该忽略哪些内容……主次分明才能清晰、简洁又明确地传达信息，如图6-29右图所示。

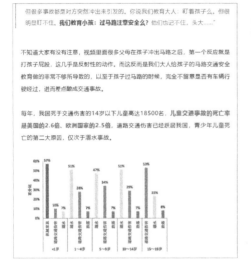
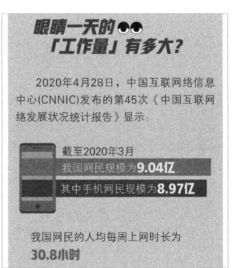

图 6-29　恰到好处的排版

信息的视觉
呈现全掌握

第7章

高速发展的社会已经将人们带入读图的影像时代，铺天盖地的图像充斥在人们生活的方方面面。新媒体作为一种新的信息传播途径，在当下这种读图时代，也必须迎合这一需求，才能更好地吸引受众。本章就将具体介绍在新媒体设计中将信息进行视觉呈现的具体方法。

➤ 信息可视化呈现的优势是什么　　➤ 了解信息可视化的方式有哪些

➤ 信息如何从文字变为可视化效果　➤ 手动绘制关系图中的图形符号

➤ 图形与信息要保持一致　　　　　➤ 想象力是提升关系图可视化呈现的关

➤ 从文字体现专业　　　　　　　　➤ 从颜色体现专业

➤ 从外观体现专业　　　　　　　　➤ 从细节体现专业

➤ 从表达体现专业

7.1 信息可视化的基础认知

信息可视化是将抽象的数据或文本利用图形图像进行可视化表达，使之通俗易懂，且富有艺术性。如图 7-1 所示为可视化表达效果。

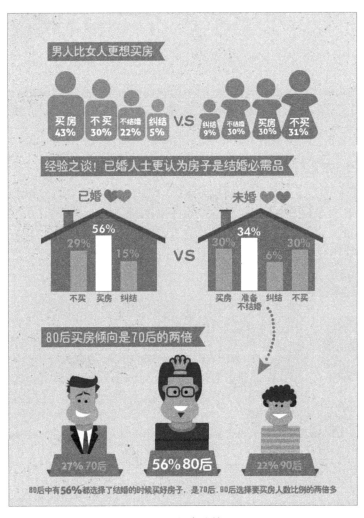

图 7-1 可视化表达效果展示

为了更好地进行信息的可视化表达，首先我们要了解有关信息可视化的基础内容。

7.1.1 信息可视化呈现的优势是什么

俗话说"一图胜千言"，这简短的几个字就将信息可视化的最大优势进行了概括。

无论是在工作、学习，还是生活中，交流沟通、表达想法是每个人的一项基本能力。但有不少人都遇到过表达不出来或表达混乱的问题，以致他人无法领会自己的意思。那么，如何才能更直观、准确地表达自己的想法呢？答案就是利用视觉思维，将需要表达的信息用可视化的效果进行呈现。

（一）优势 1：降低枯燥

文字和图像都是信息传递的常用方式，但人的大脑在处理图片和文字传递的信息时，有着明显的区别，如图 7-2 所示。

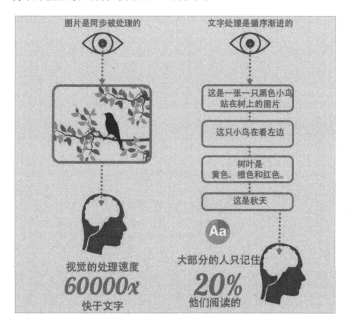

图 7-2　大脑处理图片与文字的区别

从图中可以看到，人的大脑在处理图片信息时的速度明显更快，而且能够记忆的内容页更多。举个例子，用一段文字和图示来分别描述移动的通信史，相关文字内容如下所示。

1G: 语音时代。1G 即第一代通信系统，使用模拟信号通信，是移动通信时代的开始。

2G: 文本时代。第二代移动通信引入了无线传输数字技术，即全球移动通信系统（GSM）。

3G: 图片时代。第三代移动通信始于 UMTS 的引入——通用移动地面 / 电信系统。

4G: 视频时代。4G 系统是由 IEEE 开发的 3G 网络的增强版本，提供更高的数据速率和更高级的多媒体服务，具备速度更快、通信灵活、智能性高、高质量通信、费用便宜等优势。

5G: 互联网时代。5G 不再只是从 2G.txt 到 3G.jpg 再到 4G.avi 的网络速率的提升，而是将人与人之间的通信扩展到万物链接，打造全移动和全链接的数字化社会。

下面将以上内容用图示的方式进行展示，效果如图 7-3 所示。

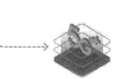

1G:语音时代
1G即第一代通信系统，使用模拟信号通信，是移动通信时代的开始

2G:文本时代
第二代移动通信引入了无线传输数字技术，即全球移动通信系统(GSM)

4G:视频时代
4G系统是由IEEE开发的3G网络的增强版本，提供更高的数据速率和更高级的多媒体服务，具备速度更快、通信灵活、智能性高、高质量通信、费用便宜等优势

3G:图片时代
第三代移动通信始于UMTS的引入——通用移动地面/电信系统

5G:互联网时代
5G不再只是从2G.txt到3G.jpg再到4G.avi的网络速率的提升，而是将人与人之间的通信扩展到万物链接，打造全移动和全链接的数字化社会

图 7-3 用图示表达移动的通信史

通过对比，可以明显地感受到，文字表达给人以枯燥的感觉，使得很多人不愿意阅读，而运用图示关系进行展示，使整个表达方式变得轻松，减少了视觉疲劳，而且能够提高受众的记忆，至少一眼看过去能够让人记住移动通信史经历了 5 个阶段及每个阶段的特点。这就是信息可视化被广泛认可的重要原因。

（二）优势 2：清晰、直观

清晰、直观也是信息可视化的明显特点，效果如图 7-4 所示。

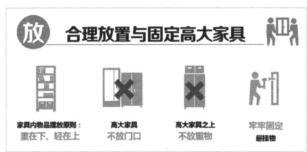

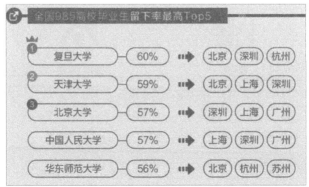

图 7-4　可视化的方式可以更加清晰、直观地传递信息

从中可以看到,通过各种图形的关系组合,能将需要传递的信息更加直观地展示出来。

需要特别说明的是,这并不意味着口头表述和书面文字不能直观地表达想法。不过,当口头表述或书面文字表达起来比较复杂或无法满足需要时,不妨使用可视化的形式升级表达方式。

而且可视化表达也是图形和文字结合在一起的表现形式,脱离文字辅助说明的信息可视化,其信息传递的效果比用文字传递的效果更差。

文字虽然枯燥,但是静下心来阅读,还是能够接收到信息的,但是如果没有文字说明的可视化表达,其传递的信息就不明确,进而造成不同人看图,会得到不同的信息。

7.1.2 了解信息可视化的方式有哪些

随着信息可视化越来越被人重视,其表达的方式也形式多样。在版式设计中,常见的信息可视化的方式有如图 7-5 所示的几种。

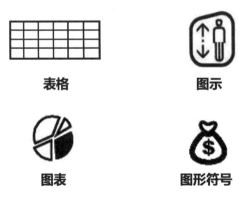

图 7-5　版式设计中信息可视化的方式

下面对这几种方式进行具体介绍。

(一)表格

俗话说:"文不如表。"意思就是对于有些内容来讲,直接用文字表达的效果没有用表格表达的效果清晰。在一份新媒体宣传文案中，让阅读者从头到尾地阅读文字是件很痛苦的事情，更何况还需要在密密麻麻的文字信息中提取有用的信息，更是一件烦躁的事。此时就可以将具有共同属性的信息利用表格呈现，而这些共同的属性就是表格中的字段或者表头。

如图 7-6 所示，左图用表格将不同年龄段的孩子的入睡时间和睡眠时间进行展示，右图是用表格将集赞个数与相应的礼品进行展示，内容对应明确，信息展示直观。

图 7-6　用表格将信息可视化展示

（二）图示

图示也称关系图，是指运用各种插画、图形元素，根据所要表达或传递的信息之间的关系进行排列组合，从而形成一种图文结合的关系图，方便他人查阅。

如图 7-7 所示，通过图解的方式将红枣粽子从原料到成品分为 3 个阶段，第一阶段是粽叶的处理，第二阶段是馅料的准备，第三阶段是包粽子的方法。

每个阶段又有详细的步骤，并且配以形象的插画，让整个包粽子的流程清晰、直观，容易操作。

图7-7　用图解的方式将信息可视化展示

如图7-8所示，利用图形元素组合形成关系图，通过这些关系图可以将信息的时间线索（左上图）、包含关系（右上图）、并列关系（左下图）和结构关系（右下图）清晰地展示出来。整个版面设计也给人很好的视觉体验。

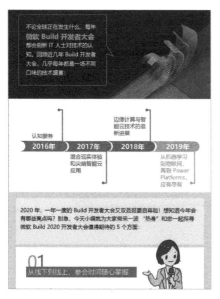

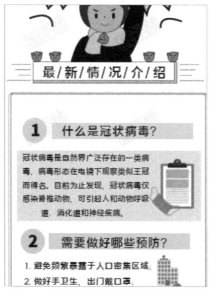

图 7-8　用图形组合形成关系图将信息可视化展示

（三）图表

图表是直观展示统计信息相互关系的图形结构，是一种能使信息直观、形象地可视化表现的手段，如图 7-9 所示。

图 7-9 用图表将信息可视化展示

从中可以看到，将信息用图表的形式展示出来，信息之间的大小关系（左图）、占比关系（右图）一目了然。

（四）图形符号

图形符号是指以图形为主要特征，用来传递某种信息的视觉符号。由于图形符号具有直观、简明、易懂、易记的特征，对于不同年龄、不同文化水平和不同地域的人都容易接受，因此被广泛应用在社会生产和生活的各个领域，涉及各个部门、各个行业。

如图 7-10 所示，该公众号文章中，左上图的"赛程安排""奖品设置"，右上图介绍的 Dynamics 365 智能商业云平台涵盖的六大热门行业，左下图介绍的套餐优点以及右下图中的"招聘流程"，其中都用了大量形象、直观的图形符号元素进行信息的可视化传递。例如，"获奖公布"用勋章图形符号、"零售行业"用商店图形符号、"超高速"用火箭图形符号、"简历筛选"用文件与漏斗结合的图形，不仅容易记忆，而且对整个版面效果也起到了调节的作用。

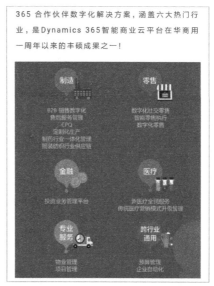

图 7-10　用图形符号将信息可视化展示

此外，图形符号元素既可以单独使用，也可以配合关系图使用，二者的结合可以让信息更易阅读。

7.1.3 信息如何从文字变为可视化效果

一般情况下，我们处理的信息都可以用文本信息和数字数据信息进行概括，对于不同的信息类型，其可视化的方式是有区别的，下面分别进行介绍。

（一）文本信息如何可视化

文本信息一般用关系图进行展示，给定一段文字后，如何将其可视化展示呢？一般需要经历如图 7-11 所示的 4 个过程。

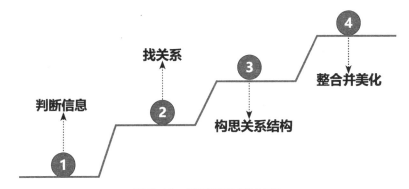

图 7-11　关系图形成的过程

◆　判断信息

判断信息是指根据给定的文字描述，判断其是否可进行可视化展示。

◆　找关系

找关系是指在文字描述中确定各个要点，并找出它们之间存在的关系。

◆　构思关系结构

构思关系结构是指构思用何种结构来有效表达各个信息要点。

◆　整合并美化

整合并美化是完成信息可视化展示的最后阶段，主要是利用构思的结构将各个要点整合在一起。如果需要效果美观，还可以对关系图的外观效果进行各种设置。

由于关系图主要是对关系的一个直观表达，因此，对于这类图表的制作，只要找对了数据信息之间存在的关系，就可以很轻松地制作出需要的图表。

对于关系图的制作，可以通过 Office 软件中提供的形状或者 SmartArt 图形来完成。如图 7-12 所示为 Office 软件中提供的常见关系。

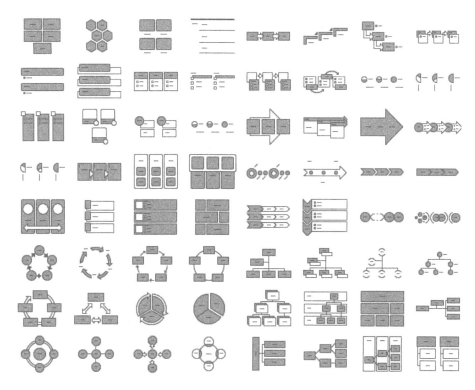

图 7-12 Office 软件中的常见关系

此外，通过一些在线思维导图工具也可以生成更具个性的关系图，如图 7-13 所示为利用思维导图工具制作的网站运营服务关系图。

小贴士

如果要制作一些个性化、效果复杂的关系图，需要使用 PS 或 AI 工具。PS 是一款制图软件，拥有强大的绘图修图功能，对于一些图形复杂的信息图，它都能搞定；AI 和 PS 是同一个公司研发的软件，使用 AI 能够创建徽标、图标、广告图形、包装图形、插画、素描和其他矢量图，因此要创作出好看的信息图也不在话下。

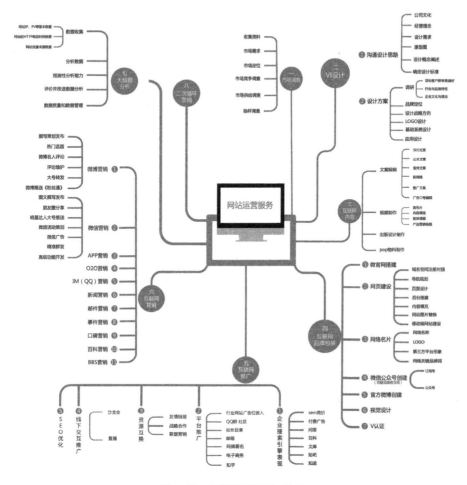

图 7-13　网站运营服务关系

（二）数字信息如何可视化

与文本信息可视化的步骤不同，如果要将给定的数字信息用图表的方式展示出来，不能直接从文本跳跃到图表，其需要一个中间转化过程，即数字信息表格化。

由此可以知道，数字信息用图表进行可视化展示是建立在表格的基础上，通过提炼的表单，然后根据文本的中心表达意思，制作出符合主题和需求的图表。将数字信息可视化的具体过程如图 7-14 所示。

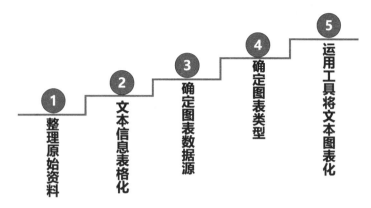

图 7-14 数据图表生成的过程

◆ 整理原始资料

整理原始资料是指将收集到的各种零散的信息整理成可以使用的文字资料，如果已经有最终需要传递的文本信息内容，可以省略这个步骤。

◆ 文本信息表格化

文本信息表格化是指从目标的文本信息中筛选出需要的关键信息，将其制作成一张二维表格。

◆ 确定图表数据源

一张表格中会有很多类型和属性的数据，但是我们需要重点表达的信息可能只是其中的一部分，此时就需要根据展示目的确定图表的数据源，即需要在图表中显示的数据。

◆ 确定图表类型

确定图表类型是指根据分析目的，选择并确定最能体现数据关系的图表类型。

◆ 运用工具将文本图表化

运用工具将文本图表化是将文本制作成图表的最后一个步骤，该步主要是根据表单中确定的数据源，创建指定类型的图表。

对于数据图表的制作，也可以利用 Office 办公软件进行制作，其中最常用的就是 Office 软件中的 Excel 组件，该组件提供了柱形图、折线图、饼图、条形图、面积图等 15 种图表类型，如图 7-15 所示。

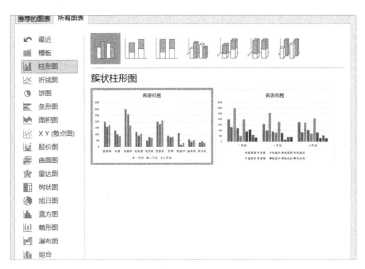

图 7-15　Excel 中提供的图表类型

不少设计者认为，Excel 制作的图表不够美观，既然是做美工设计，那么图表也理应具有设计感。实际上不然，如图 7-16 所示为利用 Excel 中提供的条形图图表类型制作的对称条形图图表，以此来分析 A、B 两地区的收入分布对比，该图表的效果比起其他工具制作的图表也毫不逊色，看起来同样专业。

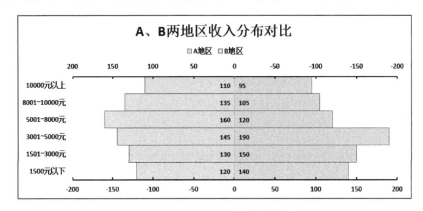

图 7-16　利用 Excel 制作的数据图表

由于 Excel 毕竟是数据处理与分析工具，如果设计者想要更具特色的图表效果，也可以借助其他工具来制作，如图表秀工具。图表秀（https://www.tubiaoxiu.com/）是一款免费在线数据可视化工具，支持自由布局与联动交互分析,操作简便。图表秀官网提供多种特色图表,如图 7-17 所示,登录账号后,选择一种图表类型,单击"编辑数据"按钮,在打开的界面中填写数据完成图表的制作,最后单击"导出图表"按钮即可生成一张图表。

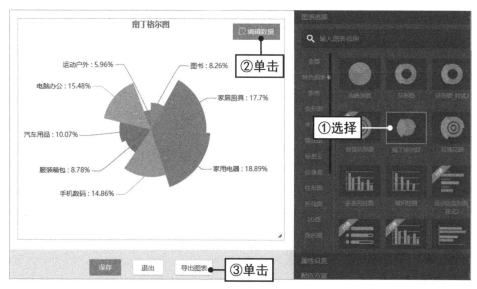

图 7-17　用图表秀在线制作图表

图表秀还提供多种信息图模板,可以选择模板快速制作可视化图表,如图 7-18 所示为图表秀提供的模板图库。

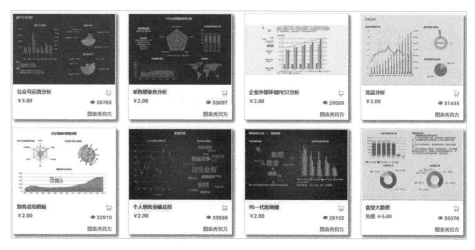

图 7-18　图表秀提供的模板图库

7.2 关系信息图可视化展示，你需要懂得什么

关系信息图都是由一个个简单的图形组合而成的，因此掌握简单的图形绘制方法和技巧是很有必要的。在关系图中，使用图形符号表达文本信息，更能体现信息图的可视化特征。

7.2.1 手动绘制关系图中的图形符号

从前面的章节我们知道，图形符号既可以单独使用，也可以在关系图中使用，对于图形符号的获取，有两种途径，一种是从一些素材网中获取，另一种途径是通过一些简单的图形（如圆形、正方形、三角形和长方形等）进行组合。

（一）组合瓶子图形

观察瓶子的外形特征，可以将其看作两个圆柱形拼合而成的。在平面上就可以将其看作两个长方形，为表现瓶盖与瓶体之间的曲面，可以用圆角来表示。由此可以得到如图 7-19 所示的图形。

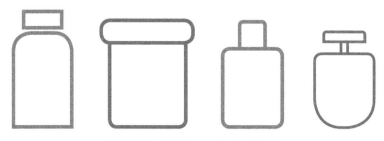

图 7-19　用基本图形组合的瓶子

（二）组合电子设备

在日常生活中常见的电子设备也可以用简单的图形拼合而成，如计算机可以由 4 个长方形和一个圆形组成，如图 7-20 左图所示；手机可由 3 个长方形和一个圆形组成，如图 7-20 中图所示；闹钟可由 6 个大小不一的正圆和两个不规则的半圆组成，如图 7-20 右图所示。

图 7-20   用基本图形组合的电子设备

（三）组合人物

在信息图中，人物图形也是最常见的一种元素，对于一些简单人物图形的绘制，也可以用基本图形组合而成，如图 7-21 所示。

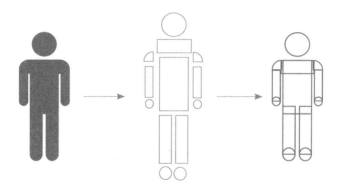

图 7-21   用基本图形组合的人物

从图7-21可以看到，这个人物图形是由圆形、长方形和扇形组合而成的。按照这种组合式的绘制方法，还可以绘制更多不同类型的人物图形，如图7-22所示。

图 7-22   用基本图形组合的不同人物

7.2.2 图形与信息要保持一致

在信息图中添加图形并不仅仅是为了让信息图看起来更美观，往往还表达了一定的文字信息。如要绘制一幅关于维生素 C 的信息图，为了使读者更直观地了解维生素 C，可使用橘子图形来形象地表现维生素 C，如图 7-23 所示。

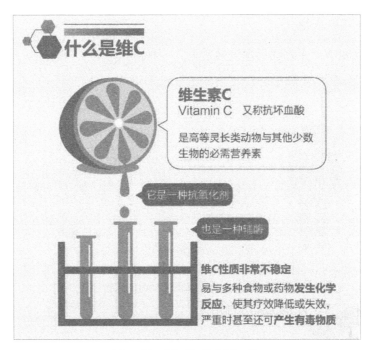

图 7-23　图形与信息要一致

除了可以使用橘子表示维生素 C 外，还可以使用其他含有维生素 C 的水果或食物，如柠檬、草莓、西红柿等。

7.2.3 想象力是提升关系图可视化呈现的关键

关系图是比较灵活的一种可视化表示方法，每一种关系都可以用形状组合为多种结构效果，即使相同的关系结构，也可以运用不同的效果进行展示，如图 7-24 所示。

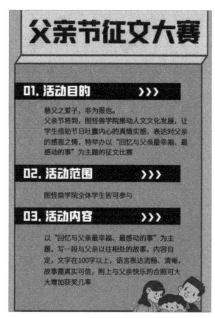

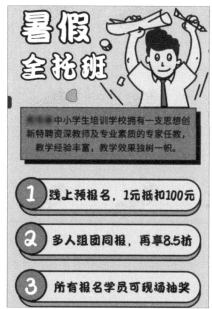

图 7-24　相同关系结构的不同关系

因此，无论是绘制图形元素，还是构建关系图的排列方式和呈现效果，都需要设计人员有丰富的想象力，这是制作关系图所必须具备的。

7.3 专业数据图表可视化展示的设计要点

数据图表相对于关系图来说没有那么灵活，其重点呈现的是数据之间的大小、占比、趋势和相关关系等。虽然数据图表重视数据的展示，但是一张效果精美的数据图表，更能吸引受众，起到更好的可视化作用。

此外，在版式设计中，对于页面的设计排版相对灵活、多样，不像商务报告那样要求严格。但是对于数据信息的传递，为了提高数据的可信度和权威性，在设计图表时，其专业性也是不能忽视的问题。

那么，在版式设计中，如何做到在不失专业性的前提下，让图表展示更精美呢？可以从文字、颜色、外观、细节和表达 5 个方面进行考虑，下面具体进行介绍。

7.3.1 从文字体现专业

文字是数据图表的重要组成部分，没有文字的描述，图表就不能很好地传达其想要展示的信息，必要的文字说明是一个专业图表不可或缺的组成部分，而文字的使用主要在于字体和字号使用上的讲究。

（一）数据图表中对字体的使用有何讲究

在第 5 章我们对字体的表达力有了一定的了解，由于数据图表传递的信息是相对严谨的内容，因此字体的选择不能太夸张和个性。

由于新媒体内容基本上都是在电子设备上观看，因此，考虑到是否受到缩放比例的影响而造成字体识别度不高，从而影响观者的阅读，一般情况下都选用微软雅黑、方正大黑简体等非衬线字体。

因此，这里再来认识一下什么是衬线字体和非衬线字体。

◆ **衬线字体**：字体的起始笔画和收尾笔画做了粗细不均匀的处理，比较适合打印输出后的阅读，如图 7-25 所示为常用的几种衬线字体。

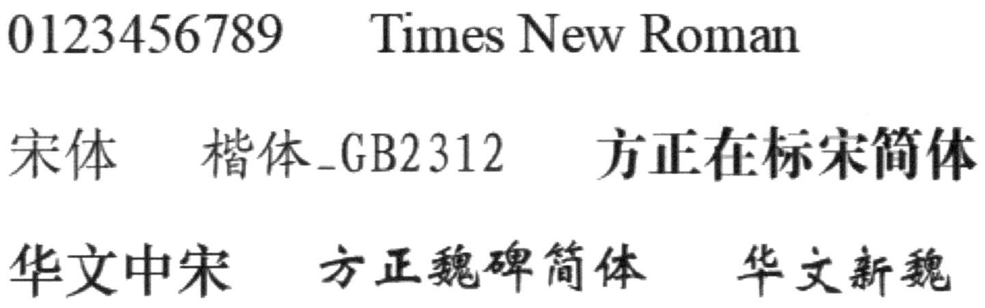

0123456789　　Times New Roman

宋体　　楷体_GB2312　　方正在标宋简体

华文中宋　　方正魏碑简体　　华文新魏

图 7-25　衬线字体

◆ **非衬线字体**：字体的整个结构笔画较为均匀，没有较大的粗细分别，通常用于不需要打印输出，只在计算机、手机等设备显示，如图 7-26 所示为常用的几种非衬线字体。

0123456789　　Arial　　汉仪中圆简

幼圆　　黑体　　华文细黑　　微软雅黑

汉仪中黑简　　方正大黑简体

图 7-26　非衬线字体

（二）数据图表中对字号的使用有何讲究

字号是控制文字大小的参数，专业的图表不仅要求字体使用要讲究，对字号的设置也有一定的规范。如果整个图表中文字字号没有层次，受众就很难抓住图表的主要信息。

通常情况下，能代表图表中心思想或需要突出显示的内容，可以设置较大的字号，而其他辅助性的说明文字使用较小的字号，这样可以使图表层次分明，受众也能很快从中找到图表要表达的中心思想。

如图 7-27 所示，标题的字号最大，可以让观者快速了解到两个图表分别展示的是"用户兴趣爱好"和"用户社交风格"调查数据。

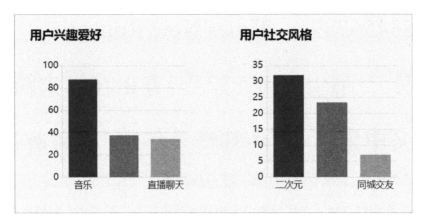

图 7-27　字号大小层次分明，主题一目了然

7.3.2　从颜色体现专业

颜色是光线进入人眼中，通过大脑中枢神经的传达让人产生的感觉，是一个事物是否美观的重要决定因素。专业的图表必须具有专业的配色效果，让受众可以愉悦地观看图表并接受图表所传达的信息。

新媒体设计人员在设计图表的过程中，通常都会为各数据系列设置不同的颜色，使得各数据系列区分明显，但在颜色的搭配上必须有所讲究，否则就达不到以颜色美化图表的目的。具体注意的要点如下所示。

（一）颜色不要太艳丽

图表的主要功能是向观者展示数据之间的关系，虽然艳丽的颜色可以给人带来美的感觉，但在图表中并不是颜色越艳丽越好，太艳丽的颜色可能妨碍受众对图表数据的阅读。

（二）同一图表中颜色不要过多

对于数据系列较少的图表，在同一图表中，并不是颜色越多越好，相反，应把主体使用到的颜色尽量控制在 4 种以内。对于数据系列较多的图表，也尽量不要使用过多颜色，可用相同颜色的不同亮度和饱和度进行区分。

如图 7-28 所示，该复合饼图虽然数据系列比较多，但是使用的主要颜色只有 3 种，其中大量使用同色系表达，整个版面看起来就相对简洁。

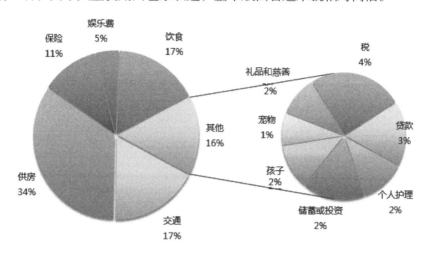

图 7-28　多图表并列展示时颜色统一

（三）同一系列的图表颜色尽量统一

在新媒体内容的表达过程中，有时候需要同时展示多个图表说明问题，此时多个图表的颜色最好统一，以给人整体、协调的感觉，如图 7-29 所示。

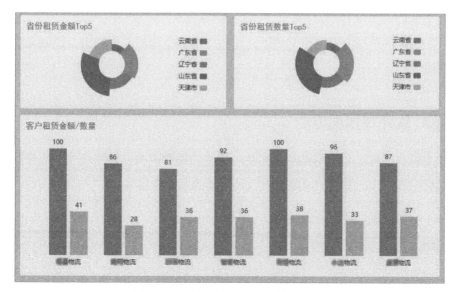

图 7-29　多图表并列展示时颜色统一

（四）背景色与前景色对比要明显

在填充图表的背景使用颜色时，图表的前景色应尽量采用背景色的互补色，以突出显示图表数据。

如图 7-30 所示，整个页面的背景色采用的是墨绿色的深色系列，而图表中的文本则使用的白色，数据系列也是使用相对亮色的颜色，形成了鲜明的对比，从而使得图表中的数据信息清晰可见。

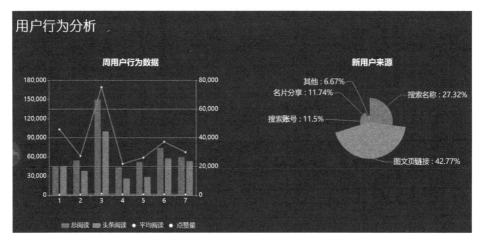

图 7-30　背景色与前景色对比明显

如果背景色与前景色非常相近，则整个图表主体将不能突出，以致无法正常读取数据。

7.3.3 从外观体现专业

图表的外观是影响图表专业性及可读性的重要因素，对图表外观的设置主要包括图表布局、图表元素的设置以及辅助元素的应用等。

（一）设置合理的布局结构

图表的布局决定了图表中各元素在图表中摆放的位置，在 Excel 中，系统对不同类型的图表提供了几种内置的布局样式以便用户选择，但这些布局样式并不一定都适合在新媒体推广文章中使用。

一般情况下，新媒体美工人员在设计图表时，可按照如图 7-31 所示的设置图表的布局结构。

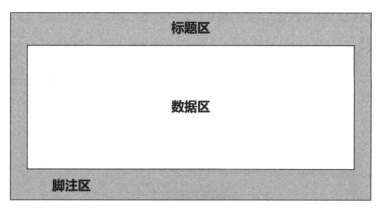

图 7-31 图表布局结构

◆ **标题区**：主要用于存放图表的标题，包括主标题和副标题，其中主标题是必要元素，副标题是可选元素，其作用主要是对主标题进行补充说明。如图 7-30 所示，"用户行为分析"为主标题，"周用户行为数据"和"新用户来源"为副标题。

◆ **数据区**：为图表的主要部分，在数据区中可以显示图例、数据系列、坐标轴、数据标签等图表元素。

◆ **脚注区**：主要用于显示一些脚注信息，如数据来源（在有的图表中，也将数据来源显示在数据区的上方、标题区的下方之间）、图表数据的四舍五入说明、图中某些特殊数据的补充说明等。

（二）根据情况决定图表元素的使用

图表中的元素有很多，但并不代表使用越多的图表元素，越能够把数据表达清楚。相反地，在某些图表中，图表元素过多反而会使图表显得杂乱无章。因此，设计人员在制作图表时，需要根据需要选择性地使用图表元素。

图例项能省则省：对于只有一个数据系列的图表，就没有必要再显示图例项，这样不仅可以有效扩展绘图区占用的空间，还可以使图表更加简洁。

数据标签能加则加： 数据标签用于指示每个数据点的数据大小，使用数据标签可以使图表数据展示得更加精准，因此只要在添加数据标签后不会影响图表数据阅读的情况下，数据标签能加则加。

　　如图 7-32 所示，为圆环图的每个数据系列添加数据标签以后，数据的可读性更好，而且由于每个数据系列均显示了对应的系列名称，因此也省去了该图表中的图例。

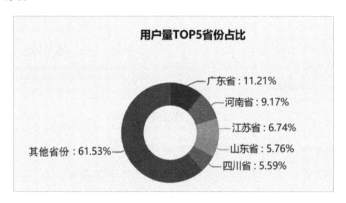

图 7-32　根据需要显示图表元素

（三）用图形让数据系列更形象化

　　在数据图表中，数据的大小都是用一些形状来表示的，为了让图表的数据展示效果更直观，可以在数据系列中添加一些形象的图片表示数据系列。如图 7-33 所示，为图表使用书籍图形来表示数据的大小。

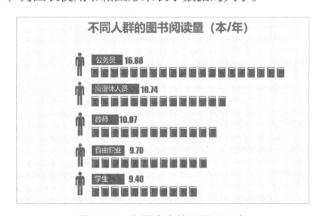

图 7-33　在图表中使用图形元素

7.3.4 从细节体现专业

俗话说"细节决定成败"，尤其对于新媒体美工人员来说，更应该注重细节的处理。

在图表制作的过程中，对细节的处理可以决定一张图表的成败。一个对细节处理完美的图表，更能凸显制作者对图表制作的专注性，也会让图表更具有专业性。那么，设计人员应该从哪些方面处理图表细节呢？

（一）添加必要的资料来源

任何图表的数据信息都有其来源，而在图表中添加资料来源是大多数人在制作图表的过程中都可能忽略的一个细节。

一组看似权威的数据绘制到图表中后，如果没有资料来源说明，该图表展示的数据就显得无从考证、可信度极低。如果添加了资料来源，图表立即显得既专业又权威。如图 7-34 所示，在图表中添加资料来源，从而使得相关的文章内容也更具可靠性。

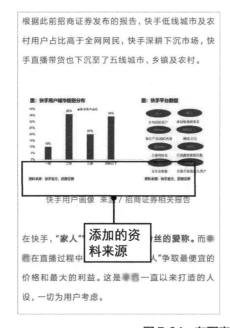
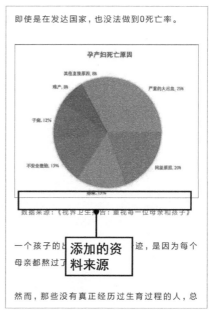

图 7-34　在图表中添加资料来源

（二）四舍五入的简要说明

由于图表空间有限，在数据点数值较大而又需要显示数据标签时，往往会采用四舍五入的方法对数据进行处理，这就可能导致各数据点的值相加不等于系列总和，或者饼图各扇区占比相加不等于 100% 的情况出现。

此时可以在脚注区添加图表中数据四舍五入的简单说明，不仅可以避免被动发现错误的尴尬，也能从细节处体现出图表的专业性。

（三）必要的脚注说明信息不能少

脚注说明是对图表中特殊内容进行说明的文字，其有两个作用，一是对图表中某个数据点规律被打破的情况进行说明或者特别介绍某些数据；二是对图表所传达的结果进行概括说明。

如图 7-35 所示，在图表下方添加一段说明文字，说明该图表所反映的问题。通过一些简短的说明文字，不仅能有效传递图表所要表达的信息，无形之中也显示了图表制作者的专注性与图表的专业性。

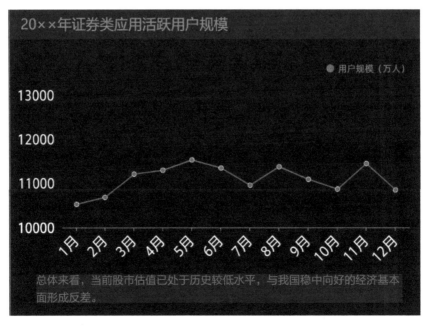

图 7-35　在图表下方添加脚注说明

7.3.5 从表达体现专业

表达方式是图表设计的关键，一个简单的图表并不需要特殊的表达方式进行修饰，但是在专业的图表中，数据的表达方式则是体现图表专业性的一个要点，最常见的就是将图表中重点展示的数据突出显示出来。要达到这种表达目的，设计人员在制作图表时，可以从以下两个方面入手。

（一）突出效果，强调数据

在创建图表时，如果图表中有重点突出的信息，可以将需要突出的信息设置为其他颜色，以实现信息的对比，这是最简单、也是最快捷的表达方式，如图 7-36 所示。

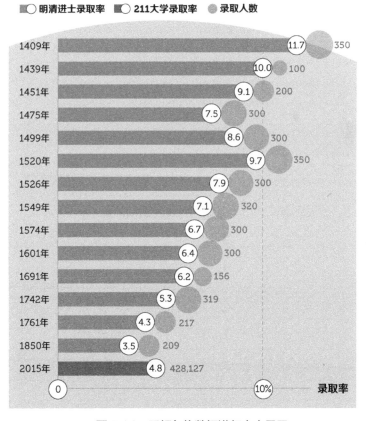

图 7-36　用颜色将数据进行突出显示

需要特别注意的是，如果要为某个数据点设置不同的颜色以突出显示该数据，要求图表中本身的颜色不能太多。例如在具有 4 个以上数据点的饼图、圆环图，或具有 3 个以上数据系列的柱形图、条形图、折线图等图表中，就不适合使用颜色突出关键数据。而且强调的数据系列的颜色必须与其他数据系列的颜色形成明显对比。

（二）分离饼图扇区

在饼图中，每一个数据点以独立的扇区表示，当数据点较多时，如果使用颜色突出显示关键数据点就不现实了，此时可以将某个要强调的扇区分离出来显示，如图 7-37 所示。

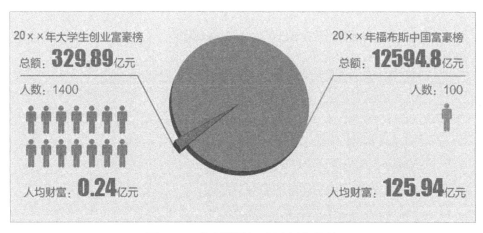

图 7-37　分离饼图扇区达到强调目的

Photoshop图像
处理软件实操

第8章

Photoshop是一款非常优秀的图像处理软件，也是新媒体人员必备的基础修图软件，掌握该软件的一些基本操作，如抠图操作、颜色与色调调整以及文字输入等，可以让新媒体营销获得更好的效果。

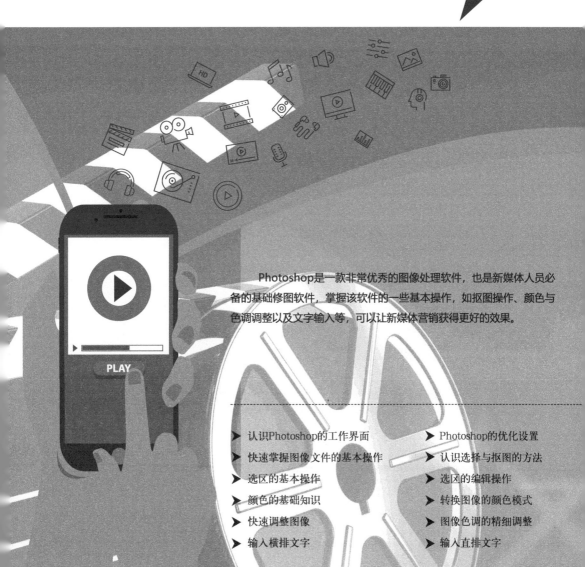

初次接触 Photoshop

Photoshop 作为一款图像处理软件，绘图和图像处理是其基本功能，可以有效地进行新媒体图像编辑工作。在使用 Photoshop 编辑新媒体图像之前，需要先了解此软件的界面和一些常用操作，如优化设置、图像文件的基本操作，这样才能更好、更快地设计出新媒体作品。

8.1.1 认识 Photoshop 的工作界面

Photoshop 的工作界面简单而实用，能让用户获得高效的图像处理与编辑体验。其中，Photoshop 的工作界面主要由菜单栏、工具选项栏、标题栏、工具栏、面板、状态栏和文档窗口七大部分组成，如图 8-1 所示。

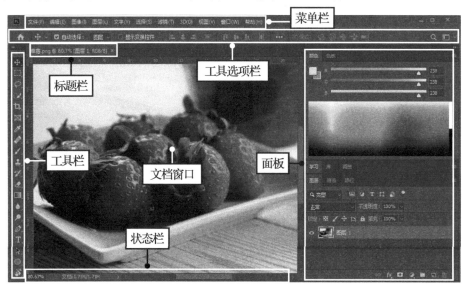

图 8-1 Photoshop 的工作界面

下面简单地对 Photoshop 工作界面的各组成部分进行介绍。

◆ **菜单栏：** 位于 Photoshop 工作界面的最上方，包含多个菜单项，如文件、编辑、图像、图层以及文字等，单击菜单项可以打开相应的菜单，每个菜单项中具有多个可以执行的命令。

◆ **标题栏**：标题栏中显示了文档的相关信息，如文档名称、格式、窗口缩放比例和颜色模式等。如果文档中包含多个图层，标题栏中还会显示当前工作的图层名称。

◆ **工具栏**：通常情况下，工具栏位于 Photoshop 工作界面的左侧，新媒体人员可以根据操作习惯将其移动到其他位置。其中，工具栏中包含用于执行各种操作的工具，如创建选区、移动图像、绘画等。

◆ **工具选项栏**：简称选项栏，默认情况下位于菜单栏的下方，新媒体人员可以通过拖动手柄区移动工具选项栏。其中，工具选项栏的参数是可变的，会随着所选工具的不同而改变。

◆ **面板**：通常情况下，面板以组的方式出现，用来帮助用户编辑图像，设置编辑内容和颜色属性等。

◆ **状态栏**：位于 Photoshop 工作界面的底部，用来显示打开文档的大小、尺寸以及当前工具和窗口缩放比例等信息。如果单击图像信息区后的小三角，在弹出的快捷菜单中还可以选择任意选项查看图像的其他信息。

◆ **文档窗口**：在 Photoshop 中的打开或创建图像文件时，系统就会创建一个文档窗口，位于工作界面的中间位置，是显示和编辑图像的区域。

8.1.2　Photoshop 的优化设置

在成功安装 Photoshop 后，系统会默认对某些显示与内容进行设置。为了提高工作效率，使 Photoshop 更加符合新媒体人员的使用习惯，新媒体人员可以对 Photoshop 进行相应的优化设置。

（一）使用预设的工作区

Photoshop 系统内置多种预设的工作区，如绘画、摄影以及排版规则等，以帮助用户编辑图像时简化操作。此时，新媒体人员可以直接为 Photoshop 应用这些内置的工作区，具体操作如下。

安装 Photoshop，在电脑桌面单击左下角的"开始"按钮，选择"所有程序"选项进入应用程序菜单列表，选择"Adobe Photoshop CC 2019"选项启动 Photoshop 应用程序。进入 Photoshop 开始界面，单击"窗口"菜单项，选择"工作区"|"摄影"命令，即可快速使用预设的工作区，如图 8-2 所示。

图 8-2　为 Photoshop 应用预设的工作区

（二）创建自定义工作区

对于新媒体人员而言，Photoshop 内置的工作区可能无法满足其工作需求，此时可以根据实际需要对工作区进行自定义，具体操作如下。

进入 Photoshop 工作界面，在菜单栏中单击"窗口"菜单项，选择需要使用的面板命令，这里选择"导航器"命令。此时，可以在面板区域中显示"导航器"面板。然后在不需要使用的面板上单击鼠标右键，选择"关闭"命令即可关闭该面板，如图 8-3 所示。

图 8-3　添加与关闭面板

以相同的方法打开与关闭其他面板，在菜单栏中单击"窗口"菜单项，选择"工作区"|"新建工作区"命令。打开"新建工作区"对话框，在"名称"文本框中输入工作区的名称，然后单击"存储"按钮即可完成操作，如图 8-4 所示。

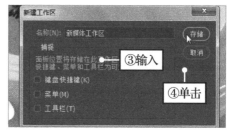

图 8-4　新建工作区

工作区创建完成后，默认会应用该自定义工作区。当然，对于不需要使用的自定义工作区，新媒体人员可以手动将其删除以节约系统内存。具体操作步骤：在菜单栏中单击"窗口"菜单项，选择"工作区"|"删除工作区"命令。打开"删除工作区"对话框，在"工作区"下拉列表中选择需要删除的自定义工作区选项，单击"删除"按钮即可完成操作。

（三）自定义工具快捷键

新媒体人员经常使用 Photoshop 处理与编辑图像，就会频繁对某些 Photoshop 工具进行操作，此时可以为这些工具自定义快捷菜单，这样就能通过快捷键快速启动需要的工具，具体操作如下。

进入 Photoshop 工作界面，单击"编辑"菜单项，选择"键盘快捷键"命令，如图 8-5 所示。

图 8-5　进入"键盘快捷键和菜单"对话框

打开"键盘快捷键和菜单"对话框,在"快捷键用于"下拉列表中选择"工具"选项,在"工具面板命令"栏中选择"涂抹工具"选项,然后在"快捷键"文本框中输入快捷键,单击"接受"按钮,最后单击"确定"按钮即可完成操作,如图 8-6 所示。

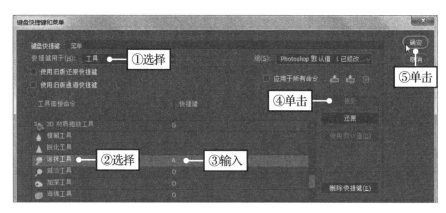

图 8-6　对"涂抹工具"定义快捷键

(四)自定义彩色菜单命令

与 Photoshop 工具一样,对于经常使用的命令,新媒体人员可以将其设置为彩色,这样就能快速对其进行调用,从而提高图像的处理与编辑效率,具体操作如下。

进入 Photoshop 工作界面,在菜单栏中单击"编辑"菜单项,选择"菜单"命令。打开"键盘快捷键和菜单"对话框,展开"选择"目录,然后选择"全部"选项,如图 8-7 所示。

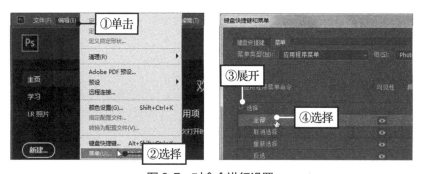

图 8-7　对命令进行设置

在选项右侧的"颜色"栏下单击对应的"无"下拉按钮，在打开的下拉列表中选择"红色"选项，然后单击"确定"按钮。返回工作界面，在菜单栏中单击"选择"菜单项，即可查看到"全部"命令被红色底纹突出显示，如图 8-8 所示。

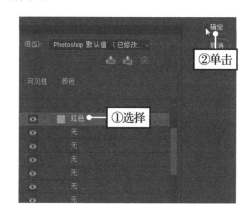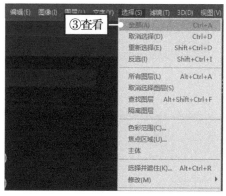

图 8-8　为命令添加颜色

8.1.3 快速掌握图像文件的基本操作

对图像文件的基本操作，是新媒体人员使用 Photoshop 进行图像处理与编辑的第一步，如新建与打开图像文件、置入图像文件、导入 / 导出图像文件以及存储与关闭图像文件等。

（一）新建与保存图像文件

在 Photoshop 中绘制或编辑图像，首先需要新建一个空白文件，然后才可以继续进行下面的工作，在完成需要的编辑后，则需要及时将其保存起来。

启动 Photoshop 应用程序，在开始界面单击"新建"按钮，即可打开"新建文档"对话框。输入文件名，并依次设置文件宽度、高度、分辨率、颜色模式和背景内容，单击"确定"按钮，如图 8-9 所示。

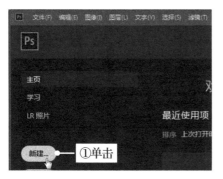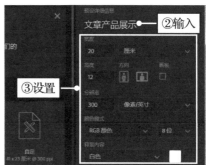

图 8-9　新建文档

　　此时，工作区即可出现一个空白文件，对图像进行编辑后在菜单栏中单击"文件"菜单项，选择"存储为"命令。打开"另存为"对话框，选择并设置文件的"存储路径"和"保存类型"，单击"保存"按钮完成操作，如图 8-10所示。

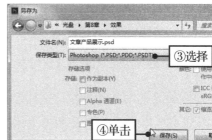

图 8-10　保存文档

（二）打开与关闭图像文件

　　在 Photoshop 中，经常需要对一个或多个图像文件进行处理与编辑，如图片素材、数码照片等，首先要将其打开。完成图像文件的编辑后，根据需要选择暂时关闭无关的图像文件，再进行下一步工作，避免因意外情况导致图像文件受到损坏。

　　启动 Photoshop 应用程序，在开始界面单击"打开"按钮。打开"打开"对话框，选择图像文件的存储路径，选择目标图像文件，单击"打开"按钮，如图 8-11 所示。

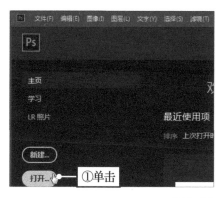

图 8-11　打开文档

对图像进行编辑后，标题栏中会出现"★"号，按 Ctrl+S 组合键进行保存。在标题栏上单击鼠标右键，在弹出的快捷菜单栏中选择"关闭"命令关闭当前图像文件，如图 8-12 所示。

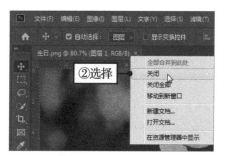

图 8-12　关闭文档

（三）创建图层

在 Photoshop 中创建和编辑图像时，通常需要新建图层，通过不同的方式可以创建出不同类型的图层，具体介绍如下。

◆　在"图层"面板中创建图层

创建图层最常用的方式就是在"图层"面板中创建，主要分为在图层上方创建图层和在图层下方创建图层。

在"图层"面板下方单击"创建新图层"按钮，即可在当前图层创建一个新图层，新建的图层将会自动成为当前被选择的图层，如图 8-13 左图所示；

按住 Ctrl 键，在"图层"面板下方单击"创建新图层"按钮，即可在当前图层下方创建一个新的图层，如图 8-13 右图所示。

图 8-13 在"图层"面板中创建图层

◆ 使用命令创建图层

如果想要在创建图像时，为新图层设置属性，如图层名称、样式以及模式等，则可以通过"新建"命令来实现。

在菜单栏中单击"图层"菜单项，选择"新建"|"图层"命令。打开"新建图层"对话框，在"名称"文本框中输入图层的名称，依次设置"颜色""模式"以及"不透明度"等属性，然后单击"确定"按钮，如图 8-14 所示。

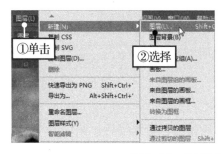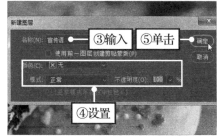

图 8-14 使用"新建"命令创建图层

◆ 创建图层背景

通常情况下，在创建一个图像文件时，其背景颜色为白色或背景色，为了让图像更加符合新媒体营销的需求，新媒体人员就需要为图像添加一个适合的背景，即为图像创建图层背景。

在工具栏中单击"背景色"按钮，打开"拾色器（背景色）"对话框，将滑块拖动到目标颜色区域，选择需要的背景颜色，然后单击"确定"按钮，如图 8-15 所示。

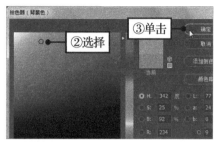

图 8-15　设置"背景色"

返回文档窗口，在菜单栏中单击"图层"菜单项，选择"新建"|"图层背景"命令。此时，可以看到图像已添加背景（颜色为背景色），而且当前图层也被转换为背景图层，如图 8-16 所示。

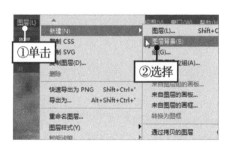

图 8-16　创建"图层背景"

 小贴士

　　在对图像进行编辑时，为了不让多余的图层影响文件大小与面板整洁度，可将这些不需要的图层删除，具体操作步骤：在"图层"面板中，直接将需要删除的图层拖动到"删除图层"按钮上，即可删除该图层。

（四）隐藏与锁定图层

如果当前编辑的图像中包含多个图层，在对某个图层进行编辑时，新媒体人员可以暂时将不操作的图层隐藏起来，以避免因其他图层遮挡视线而影响操作。另外，为了防止对其他图层作出错误操作，可以将暂时不需要操作的图层锁定。

在"图层"面板中选择需要隐藏的图层，单击目标图层左侧的"指示图层可见性"图标，即可将其隐藏起来，如图8-17左图所示；在"图层"面板中选择需要锁定的图层，单击"锁定全部"按钮，即可将目标图层锁定，如图8-17右图所示。

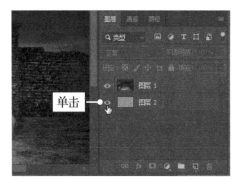

图 8-17　显示图层与锁定图层

（五）添加图层样式

图层样式是Photoshop中一项图层处理功能，是后期制作图片以期达到预期效果的重要手段之一。其中，图层样式的功能强大，能够简单快捷地制作出各种立体投影、发光和叠加等特殊效果，如玻璃上的水珠、3D立体文字等。另外，图层样式的操作具有较强的灵活性，新媒体人员可以根据实际需要对其进行修改、删除或隐藏。

想要为图层应用样式，添加各种炫酷的效果，则需要先打开"图层样式"对话框，因为"图层样式"对话框中内置了多种图层样式，具体操作步骤：在"图层"面板中选择目标图层选项，单击"添加图层样式"按钮，选择"混合选项"选项，即可打开"图层样式"对话框，在其中对相应样式进行选择与设置，即可为图层应用样式，如图8-18所示。

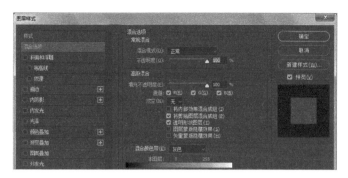

图 8-18　"图层样式"对话框

◆ **斜面和浮雕**：可以为图层添加高亮显示和阴影的各种组合效果，从而使对象、文本或形状呈现立体的浮雕效果。

◆ **描边**：可以使用颜色、渐变颜色或图案，描绘当前图层上的对象、文本或形状的轮廓，对于边缘清晰的形状特别有效。

◆ **内阴影**：可以为对象、文本或形状的内边缘添加阴影，让图层产生一种凹陷外观，该图层样式对文本对象效果更佳。

◆ **内发光**：可以帮助图层上的对象、文本或形状的边缘向内添加发光效果；

◆ **光泽**：会对图层对象内部应用阴影，与对象的形状互相作用，通常用于创建规则波浪形状，从而产生光滑的磨光及金属效果。

◆ **颜色叠加**：可以在图层对象上叠加一种颜色，即使用一层纯色填充到应用样式的对象上。

◆ **渐变叠加**：可以在图层对象上叠加一种渐变颜色，即使用一层渐变颜色填充到应用样式的对象上。

◆ **图案叠加**：可以在图层对象上叠加图案，即使用一致的重复图案填充对象。

◆ **外发光**：可以为图层对象、文本或形状的边缘向外添加发光效果，设置参数可以让它们更加精美。

◆ **投影**：可以为图层上的对象、文本或形状后面添加阴影，从而使其产生立体效果。

8.2 利用 Photoshop 进行抠图操作

在制作新媒体图像文件时，如果只需要素材图像的部分内容，或者素材文件的背景比较杂乱，则需要使用一些选择工具对图像进行抠图处理。

8.2.1 认识选择与抠图的方法

在 Photoshop 中，系统为新媒体人员提供了大量的选择工具与命令，用以帮助新媒体人员选择不同类型的对象。不过，对于一些比较复杂的图像，需要多种工具与命令配合使用才能将目标对象抠出来。其实，"抠图"就是在图像中选择对象后将其从背景中分离出来的过程，而抠图的方法也有很多种，其具体内容如下。

◆ **基本形状选择法**：边缘为直线的对象，可以使用多边套索工具；边缘为圆形、椭圆形或矩形的对象，可以使用选框工具。当然，如果对选区的形状和准确度要求不高，还可以使用套索工具快速绘制出选区。

◆ **钢笔工具选择法**：钢笔工具属于矢量工具，可以绘制出光滑的曲线路径。如果被选择对象的边缘光滑，且呈现不规则形状，新媒体人员就可以使用钢笔工具描摹出对象的轮廓，然后将轮廓转换为选区，从而将目标对象选中。

◆ **色调差异选择法**：如果被选择对象与背景之间的色调存在明显差异，则可直接使用色调差异选择法，该方法是基于色调之间的差异来建立选区。通过色调差异选择法创建选区，可以选择快速选择工具、魔棒工具、"色彩范围"命令、混合颜色带或磁性套索工具等。

◆ **调整边缘选择法**：如果创建的选区不够精准，则可以使用"调整边缘"功能进行调整，该功能的主要作用是修改选区。使用"调整边缘"功能不仅可以轻松选择头发、胡须等细微的对象，还能消除选区边缘的背景色。

◆ **快速蒙版选择法**：为图像创建选区后，在工具箱中单击"快速蒙版"按钮进入快速蒙版状态，选区将被转换为蒙版图像。此时，新媒体人员可以使用各种绘图工具和滤镜对选区进行比较细致的加工。

◆ **通道选择法**：通道是 Photoshop 中非常强大的抠图工具，适合选择细节丰富、透明以及边缘模糊的对象，如头发、树木、花朵等。在"通道"面板中，可以使用画笔、滤镜、选区工具以及混合模式等工具。

8.2.2 选区的基本操作

在对图像进行处理时，为了使其更加符合需求，需要针对图像的局部效果进行调整，这时就要求营销者掌握一些选区的基本操作。

（一）创建选区

创建选区是对图像进行局部处理的首要步骤，而 Photoshop 中创建选区的方法和工具有很多种，具体如表 8-1 所示。

表 8-1　创建选区的方法

工具名称	方　法
矩形选框工具	可以快速创建出矩形或正方形选区。默认状态下，矩形选框工具会创建出矩形，如果想要绘制出正方形，则在选择矩形选框工具后，按住 Shift 键的同时创建形状即可
椭圆选框工具	椭圆选框工具与矩形选框工具的使用方法一样，选择椭圆选框工具后，可以直接创建出椭圆和圆形选区
单行选框工具	可以创建出高为"1"像素的行选区，选择单行选框工具后，在目标位置处单击鼠标即可
单列选框工具	可以创建出宽为"1"像素的列选区，选择单列选框工具后，在目标位置处单击鼠标即可
快速选择工具	主要通过查找和追踪图像中的边缘创建选区，且可以创建 3 种状态的选区

续表

工具名称	方　法
快速选择工具	创建单个图像选区：选择快速选择工具后，将鼠标光标移动到图像上，当鼠标光标变成⊕形状时，在目标位置单击鼠标即可。 创建连续的图像选区：选择快速选择工具后，将鼠标光标移动至图像上，按住鼠标左键并拖动鼠标即可。 创建不连续的图像选区：选择快速选择工具后，将鼠标光标移动至图像上，单击鼠标创建第一个图像选区，然后按住 Shift 键在图像的其他位置以相同方法创建选区即可
魔棒工具	可以快速选取图像中颜色相同或相近的区域，选择颜色和色调比较单一的图像区域时会经常使用到该工具。选择魔棒工具后，鼠标光标呈现 ┦状，然后在目标位置上单击鼠标即可。如果需要创建多个选区，可以按住 Shift 键同时多次单击鼠标即可
套索工具	可以创建出任意形状的选区，选择套索工具后，按住鼠标左键并拖动鼠标即可
多边形套索工具	可以对选区的精准度进行控制，所以比较适合于边界较为复杂或直线较多的图像
磁性套索工具	如果图像中被选择区域的颜色反差较大，则可以选择磁性套索工具。同时，磁性套索工具的框线会紧贴图像中定义区域的边缘创建选区

（二）选区的常见操作

在图像中创建选区后，还会对选区进行操作，如全选选区、反选选区、取消选择以及重新选择等。

◆　全选选区

全选选区是指包含当前文档边界中所有图像的选区，在菜单栏中单击“选择”菜单项，选择“全部”命令即可。

◆　反选选区

反选选区就是将选区反转过来，从而选中除选区以外的其他图像区域。创建目标选区后，在菜单栏中单击“选择”菜单项，选择“反向”命令即可。

◆　取消选择

对选区操作完成后，需要将选区取消才能进行其他操作。在菜单栏中单击"选择"菜单项，选择"取消选择"命令即可。

◆　重新选择

如果在对选区取消选择后，想要再次对选区进行编辑，则需要重新选择。在菜单栏中单击"选择"菜单项，选择"重新选择"命令即可。

◆　移动选区

新媒体人员在创建选区时，选框不一定会与目标对象重合，此时可以通过移动工具对选框进行移动，使选框的位置更加精准。

使用选框工具或椭圆选框工具创建选区的过程中，可以在释放鼠标之前按住空格键并拖动鼠标从而移动选区；如果已经创建好了选区，则可以在选择选框工具、套索工具或魔棒工具后，将鼠标光标移动到选区内，然后按住鼠标左键并拖动鼠标从而移动选区。

8.2.3　选区的编辑操作

在确定选区位置后，为了使图像更加美观，可以对选区进行相应的编辑与加工，从而使其与图像更好地融合在一起。

（一）填充选区

在 Photoshop 中，填充选区主要包括为选区填充前景色、为选区填充背景色以及为选区填充图案 3 个方面，下面以使用"填充"命令填充选区为例介绍相关操作。

使用矩形选框工具在图像上创建选区，然后单击"编辑"菜单项，选择"填充"命令。打开"填充"对话框，单击"内容"下拉按钮，在打开的列表中选择"颜色"选项，如图 8-19 所示。

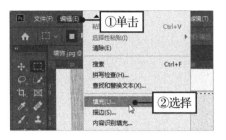

图 8-19　通过颜色进行填充

打开"拾色器（填充颜色）"对话框，单击鼠标选择填充颜色，单击"确定"按钮。返回"填充"对话框，在"混合"栏中设置"模式"与"不透明度"，然后单击"确定"按钮，如图 8-20 所示。

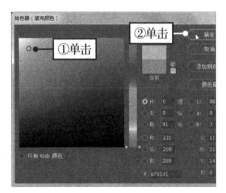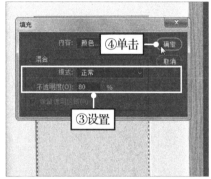

图 8-20　选择填充的颜色

返回文档窗口，单击"选择"菜单项，选择"取消选择"命令，即可查看到最终的填充效果，如图 8-21 所示。

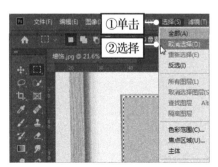

图 8-21　查看填充效果

（二）描边选区

描边选区，是指对已经创建的选区边缘进行描边操作，即为选区的边缘设置颜色、宽度等。

在图像上创建选区，然后单击"编辑"菜单项，选择"描边"命令。打开"描边"对话框，在"描边"栏中设置"宽度"，然后单击"颜色"选项后的颜色条，如图 8-22 所示。

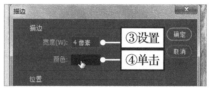

图 8-22　打开"描边"对话框

打开"拾色器（描边颜色）"对话框，单击鼠标选择描边颜色，然后单击"确定"按钮。返回"描边"对话框，分别设置描边的"位置""模式""不透明度"等参数，单击"确定"按钮返回文档窗口，按 Ctrl+D 组合键取消选区即可查看描边效果，如图 8-23 所示。

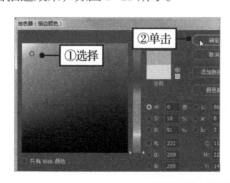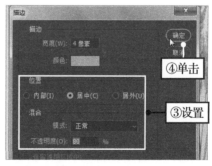

图 8-23　设置"描边"参数

（三）存储选区

对选区调整完成后，如果新媒体人员希望以后可以直接使用该选区，则可以将其存储起来。其中，存储选区的方法主要有两种，分别是通过"通道"面板存储和通过"存储选区"命令存储。

◆ **"通道"面板**：单击"窗口"菜单项，选择"通道"命令打开"通道"
面板，然后单击面板底部的"将选区存储为通道"按钮，即可将选区
保存到 Alpha 通道中。

◆ **"存储选区"命令**：单击"选择"菜单项，选择"存储选区"命令打开"存
储选区"对话框，对存储选项进行设置，然后单击"确定"按钮即可。

8.3 颜色与色调调整有规律可循

使用 Photoshop 进行色彩调整，是图像后期处理必不可少的操作，通过各
种颜色与色调调整命令可以对色彩进行调整，从而使图像的效果更加符合新媒
体营销的需求。

8.3.1 颜色的基础知识

新媒体人员想要通过 Photoshop 对图像的色彩进行调整，首先需要对色彩
调整的基础知识有所了解。其中，色彩是光从物体反射到人的眼睛所引起的一
种视觉心理感受。

（一）色彩的三要素

在色彩学上，色彩的三要素可以用色相（色调）、纯度（彩度或饱和度）
和明度（亮度）描述，人眼看到的任一彩色光都是这3个特性的综合效果。其中，
色相与光波的频率有直接关系，纯度、明度与光波的幅度有关。

◆ **色相**：是指色彩的相貌，即常说的各种颜色。其中，色相是色彩的主
要特征，是人眼区分色彩的最佳方式，由原色、间色和复色构成。在
标准色相环中，以角度表示不同色相，取值范围在"0° ~ 360°"。
色相环就是以三原色为基础，将不同色相的红、橙、黄、绿、青、
蓝和紫按相应顺序排列成环状的色彩模式，主要分为十二色相环和

二十四色相环，可以帮助新媒体人员更好地认识和使用色彩。

◆ **纯度：**是用来表现色彩鲜艳和深浅的标准，颜色的纯度越高，色彩就越鲜艳。简单而言，纯度最高的色彩就是原色，而纯度最低的色彩是无彩色。从视觉效果上来说，纯度高的色彩容易引起视觉的兴奋，纯度中等的色彩能保持视觉长时间注视，而纯度低的色彩更容易使人产生联想。其中，纯度的表示范围是"0～10"，0 表示灰度，而 10 则表示完全饱和。

◆ **明度：**是指色彩的亮度或明度，即明与暗。颜色有深浅、明暗的变化，最亮的颜色是白色，而最暗的颜色是黑色。计算明度的基准是灰度测试卡，明度的表示范围是"0～10"，0 表示黑色，10 表示白色。色彩可以分为有彩色和无彩色，有彩色的每种色各自的亮度、暗度在灰度测试卡上都具有相应的位置值，而无彩色也仍然存在着明度。

（二）色彩的搭配

色彩作为新媒体图像设计中不可或缺的元素，不仅能唤起人的视觉美感，还能传达出独特的情感诉求。色彩搭配指对色彩进行搭配后取得更好的视觉效果，如果新媒体人员能合理运用色彩搭配，便会使新媒体图像产生比较适宜的视觉感受，让受众赏心悦目。

色彩搭配需遵循"总体协调、局部对比"的原则，允许局部存在一些强烈的色彩对比，但整体色彩效果需要达到和谐。对新媒体图像进行处理时，正确的色彩搭配不仅可以丰富图像，还能恰到好处地传递主题信息，提高受众对信息的理解，促进信息的传播。例如，在色彩搭配中亮度较高，则可以给受众柔和、明亮与温和的感觉，为了避免出现刺眼的情况，可以使用低亮度的前景色调和。

8.3.2 ▶ 转换图像的颜色模式

颜色模式是将某种颜色表现为数字形式的模型，也可以理解为一种记录图像颜色的方式。在 Photoshop 中主要有 8 种颜色模式，分别是灰度模式、位图模式、双色调模式、索引颜色模式、RGB 颜色模式、CMYK 颜色模式、Lab 颜色模式和多通道颜色模式，它们之间可以实现转换。

◆ 灰度模式

灰度模式下的图像不包含色彩，且彩色模式下的图像转换为灰色模式会删除色彩信息。灰度模式可以使用多达 256 级灰度表现图像，使图像的过渡更平滑与细腻。新媒体人员想要将其他颜色模式的图像转换为灰度模式，可在菜单栏中单击"图像"菜单项，然后选择"模式"|"灰度"命令即可。

◆ 位图模式

位图模式只有两种颜色，即纯黑和纯白，常用于制作单色图像。将彩色图像转换为位图模式后，会删除色相和饱和度信息，只保留亮度信息。其中，只有灰度模式和双色调模式才能转换为位图模式，要将其他模式的图像转换为位图模式，则需要先将其转换为灰度模式或双色调模式。

◆ 双色调模式

双色调模式采用一种灰色油墨或彩色油墨渲染一个灰度图像，最多可向灰度图像添加 4 种颜色，从而在打印中表现更多的细节，打印出比单纯灰度更有趣的图像。其中，双色调模式采用 2 ~ 4 种彩色油墨创建由双色调（2 种颜色）、三色调（3 种颜色）和四色调（4 种颜色）混合其色阶组成图像。将灰度图像转换为双色调模式时，可以对色调进行编辑，从而产生特殊的效果。

◆ 索引颜色模式

索引颜色模式是网络和动画中比较常用的图像模式，彩色图像转换为索引颜色模式后包含近 256 种颜色。如果原图像中的颜色不能用 256 色来表现，Photoshop 就会从可以使用的颜色中选择出最相近的颜色模拟这些颜色，从而减小图像文件的尺寸。

◆ RGB 颜色模式

RGB 颜色模式是一种加色混合模式，基于混合原理将红（R）、绿（G）和蓝（B）3 种基色按照从 0（黑）到 255（白色）的亮度值在每个色阶中进行分配，从而指定色彩。当不同亮度的基色混合后，便会产生出 256 × 256 × 256（约为 1677 万）种颜色。

其中，3 种基色的亮度值相等时会产生灰色，3 种亮度值都是 255 时会产生纯白色，所有亮度值都是 0 时就会产生纯黑色。RGB 是目前被运用最为广泛的颜色系统之一，几乎包括了视力所能感知的所有颜色。

◆ CMYK 颜色模式

CMYK 颜色模式是一种减色混合模式，由青（C）、洋红（M）、黄（Y）和黑（B）组成，在印刷中就代表着 4 种颜色的油墨。CMYK 颜色模式与 RGB 颜色模式产生色彩的原理不同，在 CMYK 颜色模式中由光线照到有不同比例 C、M、Y、K 油墨的纸上，部分光谱被吸收后反射到人眼的光产生颜色，而在 RGB 颜色模式中由光源发出色光混合生成颜色。

◆ Lab 颜色模式

Lab 颜色模式是进行颜色模式转换时的中间模式，由 RGB 三基色转换而来。例如，将 RGB 颜色模式转换为 HSB 颜色模式时，需要先将其转换为 Lab 颜色模式，再转换为 HSB 颜色模式。在处理图像时，Lab 颜色模式可以在不影响色相和饱和度的情况下轻松修改图像的明暗程度。

Lab 颜色模式以亮度分量 L 与颜色分量 a 和 b 表示颜色。L 表示亮度分量，范围为 "0 ~ 100"；a 分量代表由绿色到红色的光谱变化，范围为 "+127 ~ −128"；b 分量代表由蓝色到黄色的光谱变化，范围为 "+127 ~ −128"。

◆ 多通道颜色模式

多通道颜色模式是一种减色模式，主要用于特定的打印或输出。在多通道颜色模式中，每个通道都合用 256 灰度级存放图像中颜色元素的信息，若删除 RGB 颜色模式、CMYK 颜色模式或 Lab 颜色模式中的某个颜色通道，图像就会自动转换为多通道颜色模式。

8.3.3 快速调整图像

对于初次接触 Photoshop 的新媒体人员来说，可以通过自动调整命令调整图像的色彩。例如,通过"自动色调""自动对比度"或"自动颜色"命令,可以快速对图像的色调、对比度和颜色进行调整。

(一)使用"自动色调"命令

通过"自动色调"命令可以自动对颜色通道进行调整,将每个颜色通道中最亮与最暗的像素调整为白色与黑色,中间的像素值按比例进行重新分布,从而使图像的对比度提升,该命令常用以处理对比度不强烈、灰暗级图像。不过,由于该命令会单独对每个颜色通道进行调整,所以会移去某些颜色或引入色偏。

在菜单栏中单击"图像"菜单项,选择"自动色调"命令后即可自动对图像的色调进行调整,使图像的色调变得更加清晰,如图 8-24 所示。

图 8-24　自动调整色调前后对比

(二)使用"自动对比度"命令

通过"自动对比度"命令可以自动对图像中颜色的对比度进行调整,将图像中最亮和最暗的像素分别映射到白色和黑色,使高光显得更亮、暗调显得更暗。该命令不会单独对每个通道进行调整,在处理图像色调时应用比较广泛,对图像整体对比度进行增强时不会增加新的色偏。

在菜单栏中单击"图像"菜单项,选择"自动对比度"命令后即可自动对图像的对比度进行调整,从而使图像明度变亮,如图 8-25 示。

(三)使用"自动颜色"命令

通过"自动颜色"命令可以自动对图像中最亮与最暗的颜色进行调整,因为该命令通过搜索实际像素将图像中的白色提高到最高值"255"，并将黑色降低到最低值"0"，然后将其他颜色重新分配避免图像出现偏色。如果图像的色彩比较均衡，在使用"自动颜色"命令后则能获得更完美的色彩效果。

在菜单栏中单击"图像"菜单项，选择"自动颜色"命令后即可自动对图像的颜色进行调整，从而对偏色进行修正，如图 8-26 所示。

图 8-25　自动调整对比度前后对比

图 8-26　自动调整颜色后对比

8.3.4　图像色调的精细调整

除了可以自动调整图像的色彩外，Photoshop 还为新媒体人员提供了非常全面的色彩调整与修正工具，如"亮度 / 对比度""色阶""曲线"以及"曝光度"等命令。

（一）"亮度 / 对比度"命令

通过"亮度 / 对比度"命令可以对图像的亮度和对比度进行调整，该命令直接对图像整体进行调整，并不考虑图像中各通道颜色。

单击"图像"菜单项，选择"调整"命令，在子菜单中选择"亮度 / 对比度"命令。打开"亮度 / 对比度"对话框，然后对选项进行设置，单击"确定"按钮即可调整图像的亮度和对比度，如图 8-27 所示。

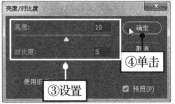

图 8-27　设置"亮度""对比度"

（二）"色阶"命令

通过"色阶"命令可以对图像的色阶对比进行调整，主要通过调整图像中的暗调、中间调和高光区域的色阶分布情况增强图像的色阶对比。简单而言，若图像过黑或过亮，通过"色阶"命令则可以对其明暗程度进行调整。

单击"图像"菜单项，选择"调整 / 色阶"命令。打开"色阶"对话框，拖动"输入色阶"滑块位置调整图像，单击"确定"按钮完成图像的色阶调整，从而使暗淡的图像达到彩色明亮的效果，如图 8-28 所示。

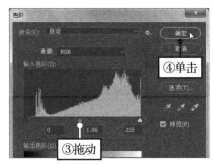

图 8-28　设置"色阶"

（三）"曲线"命令

通过"曲线"命令可以对图像进行准确调整，主要用以改善图像质量，不仅可以调整图像整体或单独通道的亮度、对比度和色彩，还可调整图像任意局部的明暗度和色调，使图像色彩更加协调。

单击"图像"菜单项，选择"调整"|"曲线"命令。打开"曲线"对话框，对选项进行设置使图像的亮度得到提高、暗度被压暗以及对比度得到调整等，如图 8-29 所示。

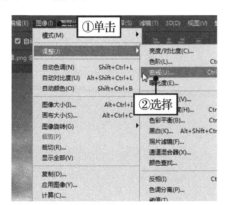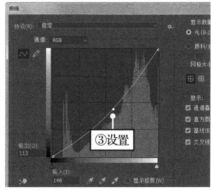

图 8-29　设置"曲线"

（四）其他色彩调整与修正工具

除了以上介绍的 3 种比较常见的色彩调整与修正工具外，Photoshop 还提供了多种工具，其具体介绍如下。

◆ **"曝光度"命令**：可以对图像的色调强弱的进行调整，由于某些图像的部分位置曝光不正确，导致出现一些过亮或过暗的情况。此时，使用"曝光度"命令可以增强或减少曝光量，对图像起到修复作用。

◆ **"自然饱和度"命令**：可以使图片更加鲜艳或暗淡，由于"自然饱和度"命令会保护图像中已饱和的部位，只对其做小部分的调整，重点调整不饱和的部分，从而使图像整体的饱和趋于正常，很适合处理人物图像。

◆ **"色相／饱和度"命令**：是比较常用的色彩调整命令，不仅可以调整图像整体的色相、饱和度和明度，还可以调整图像中单个颜色成分的色相、饱和度和明度。同时，为像素指定新的色相饱和度，能实现灰度图像上色的目的。

◆ **"色彩平衡"命令**：可以更改图像整体的颜色混合，并通过控制各个单色的成分在暗调区、中间调区和高光区以平衡图像整体的色彩，从而校正图像中比较明显的偏色、过饱和或饱和度不足的情况。

◆ **"黑白""去色"命令**：如果需要将彩色图像转变为黑白图像，则可以选择"黑白"或"去色"命令。其中，"黑白"命令会将图像中的颜色丢弃，使图像以灰色或单色显示，并根据图像中的颜色范围调整图像的明暗度；"去色"命令可以使图像中的所有颜色的饱和度变为"0"，图像颜色的亮度与色彩模式不变。

◆ **"通道混合器"命令**：可以将颜色通道相互混合，对颜色通道进行调整和修复，从而产生图像合并或设置出单色调的图像效果。

8.4 打造时尚炫酷的文字

文字是图像处理中的重要组成部分，不仅可以传递新媒体人员想要表达的信息，还能对整个版面进行美化。其中，Photoshop 为新媒体人员提供了 4 种文字输入工具，分别为横排文字工具、直排文字工具、横排文字蒙版工具和直排文字蒙版工具，不同的文字工具可以创建出不同类型的文字效果。

8.4.1 输入横排文字

横排文字是图像中最常见的文字类型，而输入横排文字的方法也很简单，使用横排文字工具或横排文字蒙版工具即可快速输入横排文字。

打开图像文件，在工具栏中选择"横排文字工具"。然后在图像上的目标位置单击鼠标定位文本插入点，通过"窗口 / 字符"命令打开"字符"面板，然后在面板中设置文字属性，如图 8-30 所示。

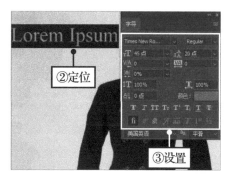

图 8-30　设置文字格式

在图像上输入相应文字，可以通过按 Enter 键对文字进行换行，单击工具属性栏右侧的"提交所有当前编辑"按钮，即可完成横排文字的输入操作。在工具栏中选择"移动工具"，将文字移至合适位置，如图 8-31 所示。

图 8-31　输入并移动文字

8.4.2　输入直排文字

直排文字与横排文字类似，不同之处在于直排文字是一个垂直的文本行，每行文本的长度随着文字的输入而不断增加，换行同样需要手动进行。

打开图像文件，在工具栏中的文字工具组上单击鼠标右键，选择"直排文字工具"。然后在图像上的目标位置单击鼠标定位文本插入点，通过"字符"面板对文字的属性进行设置，如图 8-32 所示。

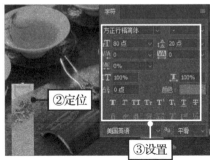

图 8-32　设置文字格式

在图像上输入相应文字，单击工具属性栏右侧的"提交所有当前编辑"按钮，即可完成直排文字的输入操作。在工具栏中选择"移动工具"，将文字移至合适位置，如图 8-33 所示。

图 8-33　输入并移动文字

 小贴士

在 Photoshop 中，可以为图像创建两种文字，即点文字与段落文字。点文字是指水平或者垂直的文本行，行的长度随编辑增加，不能自动换行，只能手动换行，横排文字与直排文字都属于点文字，常常用于处理标题、名称等字数较少的文字；段落文字是指在定界框中输入的文字，具有自动换行和可随意调整文字区域大小等特点，常常用于处理字数较多的文字。

H5界面设计与
制作方法

第9章

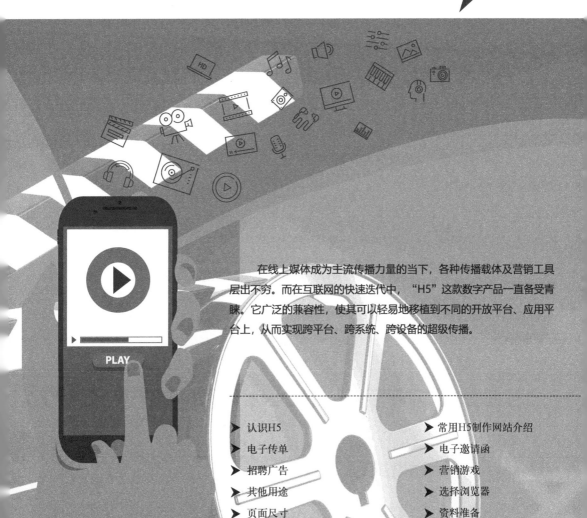

在线上媒体成为主流传播力量的当下，各种传播载体及营销工具层出不穷。而在互联网的快速迭代中，"H5"这款数字产品一直备受青睐。它广泛的兼容性，使其可以轻易地移植到不同的开放平台、应用平台上，从而实现跨平台、跨系统、跨设备的超级传播。

9.1 H5 基础知识全掌握

在学习 H5 设计制作之前，了解与其相关的基本概念和基础原理，能帮助我们在后续学习前建立最基本的认知基础。

9.1.1 认识 H5

H5 在原教旨的释义中，是 HTML 5 的简称，即 Web 端标识语言 HTML 的第五代标准。现在我们上网所打开的网页，大多数都是由 HTML 编写而成的，也就是网页源代码，如图 9-1 所示。

图 9-1　使用 HTML 语言编写的网站页面源代码

日常提及的 H5 是对 HTML 5 标准下产出的各类数字作品的泛称，这些作品因为 HTML 5 标准的功能特性，实现了更广泛的应用、更快速的加载、更丰富的内容和更生动的交互。因承其益，这些作品都被贴上了"H5"的标签。

作为美工设计人员，我们不需要掌握 H5 语言，也不需要编写页面框架，利用在线制作工具及其提供的各类模板，就可以设计出风格各异、功能丰富、适合不同使用场景的 H5 作品。

9.1.2 常用 H5 制作网站介绍

丰富的 H5 制作工具为设计从业者提供了功能强大、操作便捷的创作平台。即使我们对代码和语言一窍不通，也可以通过各种 H5 制作工具设计出页面漂亮、功能丰富的 H5 作品。

为了满足现代人工作方式的需要，大多数 H5 制作工具均以在线使用的方式提供服务，如图 9-2 所示。我们只需访问 H5 制作网站，即可轻松开展创作。

图 9-2　H5 制作网站

 小贴士

　　不同 H5 制作网站可能对 H5 的命名各不相同，例如微传单、H5 秀等，均是根据 H5 的使用功能和传播特点进行重新命名，以方便创作者快速了解产品特性。

H5 制作网站大多会提供不同功能和使用特色的模板，通过设计修改，我们可以快速设计出所需作品。

同时，利用网站提供的数据服务，可以实时跟踪作品的传播效果。

9.2 H5 的常规用途

文字、图片、视频、音频、动画、表单、地图定位及丰富的互动功能，H5 多元化的承载形式，为其拓展了非常宽泛的使用场景。

在目前的商业应用中，H5 取代了传统的实物物料，被广泛地应用于活动宣传、会议邀请、活动报名、招聘以及各类互动型的营销活动中。

9.2.1 电子传单

在营销活动中，需要将活动的重要信息迅速、直白、鲜明地传达给受众，于是活动传单应运而生。使用 H5 制作的电子传单，可以让活动信息在线上循环传播并触达更多的人群，宣传效果立竿见影，如图 9-3 所示。

图 9-3　一个 H5 电子传单里的多个页面

9.2.2 电子邀请函

使用 H5 制作的电子邀请函，不仅可以通过各类即时通信软件快速而准确地发送给被邀请对象，还可以在传达信息的同时，获得必要的反馈，如图 9-4 所示。

这种功能同样适用于电子报名表、会议通知等需要反馈的互动型营销活动中。

图 9-4　电子邀请函丰富的功能

9.2.3 招聘广告

在一个 H5 招聘广告里，HR 不仅可以进行详细的公司介绍，还能同时完成多个岗位的招聘说明，并能让应聘者更快捷地与 HR 取得联系，如图 9-5 所示。

图 9-5　一个 H5 招聘广告里不同页面展示不同信息

9.2.4 营销游戏

单纯传达促销信息已经不能获得受众足够的关注，趣味性、参与互动性以及一定的奖励机制和社交属性，是 H5 赋予营销活动的新鲜感，如图 9-6 所示。

图 9-6 营销游戏 H5 及其设置页面

9.2.5 其他用途

从最开始的图文配乐到如今的动画及互动功能，H5 的形式仍在逐步开发和丰富。而设计师充满创造力的操作，才是拓展 H5 更多功能的原动力，如图 9-7 所示。

图 9-7 H5 制作网站按功能分级的菜单栏

9.3 **H5 制作准备工作**

工欲善其事，必先利其器。因此进行设计制作之前，应先做好相关的准备工作。

9.3.1 **选择浏览器**

与传统设计工作不同的是，H5 的设计制作都是在网站上进行的。挑选一个兼容性良好的浏览器，能顺利完成设计并保持操作过程的流畅。

在兼容测试网站能快速获知当前使用的浏览器的兼容性评分，如图 9-8 所示。

图 9-8　浏览器 H5 兼容性测试网站

 小贴士

随着 H5 的应用越来越广泛，相应的设计工具也在日益完善。目前市面上的主流浏览器基本具备优良的 H5 兼容性。

如需测试，可访问网站 http://www.antutu.com/html5/ 或通过搜索引擎搜索关键词"H5 兼容性测试"。

9.3.2 **页面尺寸**

同一个 H5 作品，在不同尺寸的设备上能呈现的内容有一定不同，比如当页面尺寸设置过小时，在大屏手机上会出现白边。

H5 页面尺寸设置并没有一个固定的数值，而是根据当下的主流手机尺寸进行设置。现在大部分 H5 制作网站均会提供页面尺寸检测及设置建议，根据提示进行操作即可，如图 9-9 所示。

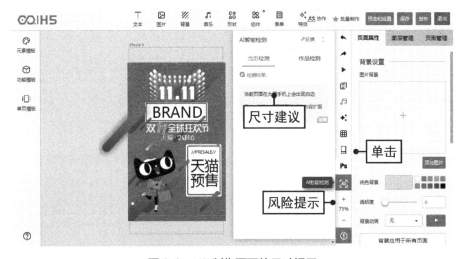

图 9-9　H5 制作页面的尺寸提示

　　页面尺寸偏大时，浏览器通常会根据手机屏幕尺寸进行适配，将可能会超出的部分"裁切"掉。在进行设计时，应尽量将主要信息布置在中心位置。另外，背景图片选择相对简单的款式更适宜。

9.3.3　资料准备

在开始设计制作前，详尽的资料和素材、清晰的构架思路是出彩作品的保证。

◆ **资料文案**：整理资料并归纳为可直接使用的文案内容，可帮助后续工作更有效率地进行。

◆ **思维导图**：根据使用场景、目的及文案内容制作 H5 设计思维导图。在制作思维导图时，最好按照 H5 页面顺序进行构建，这样有助于理清设计思路，确保各页面间逻辑通顺、内容整体呈现更协调。

◆ **素材图片**：尽量在开始设计之前将必需的素材上传到图片库，这样可以保证设计过程的流畅性，如图 9-10 所示。

◆ **其他资料**：根据作品使用目的、场景及企业品牌形象，准备好匹配的背景图片、图标、音乐等，也有助于更快、更好地完成作品。

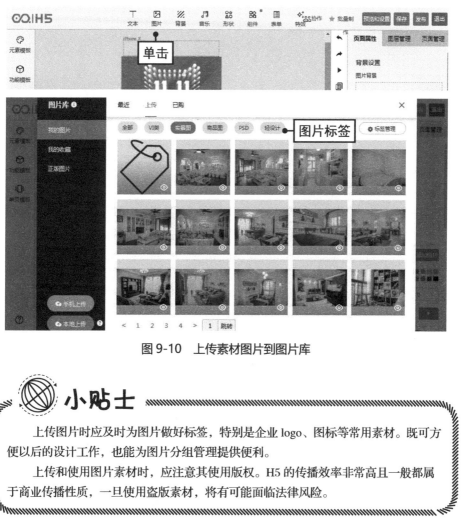

图 9-10　上传素材图片到图片库

小贴士

　　上传图片时应及时为图片做好标签，特别是企业 logo、图标等常用素材。既可方便以后的设计工作，也能为图片分组管理提供便利。

　　上传和使用图片素材时，应注意其使用版权。H5 的传播效率非常高且一般都属于商业传播性质，一旦使用盗版素材，将有可能面临法律风险。

9.4 H5 制作七大步骤

从空白页面开始设计制作一款全新的 H5 作品，需要筹备全套素材且耗时更长。当在制作过程中，强调应用和效率时，我们可以选择合适的模板并修改，能大大提高工作效率。

H5 设计制作网站为我们提供了丰富的制作模板，按照如图 9-11 所示的流程、在制作过程中保持逻辑清晰，即可设计出合格的 H5 作品。

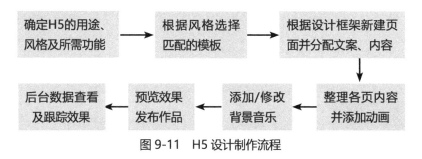

图 9-11　H5 设计制作流程

9.4.1 确定物料用途

通常 H5 设计制作网站会根据使用场景对 H5 模板进行分类，因为不同使用场景决定了 H5 的表现形式和应具备的功能。如图 9-12 所示。

使用场景　全部　邀请函　招聘　产品/服务　公司介绍　品牌文化　政策宣传　周年庆　优惠促销　新店开业　专业培训　学校招生　兴趣补习
夏/冬令营　相册　简历　婚礼　生日　投票　贺卡祝福　社团招新　比赛活动　校园节日　毕业季　同学聚会

图 9-12　根据使用场景进行分类

H5 制作邀请函不仅要从设计风格上体现受邀活动的定位，还需要清晰准确地传递活动时间、地点、流程及会场要求等重要信息。

而类似婚礼请柬这样的特殊邀请函，根据现在的流行趋势，往往还要增加婚纱艺术照的图片轮播和赠送红包礼物等互动功能。

招聘广告，除了必要的公司简介和岗位要求外，可以提供在线提交的报名表、即时联系的电话号码和微信，可帮助招聘单位提高招聘效率。

不同使用场景下，H5 作品的表现形式及主要功能如表 9-1 所示。

表 9-1　不同场景下 H5 的表现形式及主要功能

使用场景	表现形式（侧重）		主要功能			
	图片	文字	在线表单	即时联系	地图定位	互动
电子传单	√			√	√	√
公司宣传册	√	√		√	√	
婚礼请柬	√				√	√
会议邀请函		√	√	√	√	
招聘广告		√	√	√	√	
个人简历		√		√		
投票活动	√					√

9.4.2　选择风格模板

同一类 H5 模板在设计风格上也有鲜明区分。以招聘广告为例，校招或定位年轻人的公司，设计风格往往更具创意且有趣；而强调品牌价值的招聘企业，通常会选择较严肃的设计风格。如图 9-13 所示为不同风格的"招聘广告"模板。

图 9-13　不同风格的"招聘广告"模板

9.4.3 拆分设计要点

选择模板后，即可根据前期准备工作中完成的思维导图，将各设计要点拆分到对应页面，并根据实际需要对模板内容进行编辑。本节将结合上下文内容，以在"凡科网"设计制作一个招聘广告为例进行具体讲解。

（一）选择招聘类模板

进入凡科网，选择"微传单"选项进入 H5 分站后，单击"模板"选项卡进入模板商城，在"使用场景"分类中单击"招聘"超链接，如图 9-14 所示。

图 9-14　在"凡科微传单"网站选择招聘模板

（二）选择并使用模板

在"招聘"模板页面中选择一款偏年轻风格的模板，在打开的页面中单击"使用模板"按钮，如图 9-15 所示。

图 9-15　选择并使用模板

（三）操作界面及页面编辑

进入模板编辑页面后，在操作界面左侧的"页面"窗口中，可以对该 H5 模板中包含的页面进行选择、添加、删除和拖动排序等操作。

将鼠标移动到需要编辑的页面上，在该页面右侧将出现编辑按钮。单击"删除"按钮，删掉不需要的页面，如图 9-16 所示。

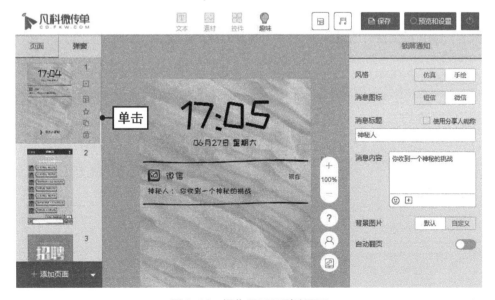

图 9-16　操作界面及删除页面

小贴士

单击"删除"按钮后将出现"确认"弹窗，因为删除操作将删除页面中包含的所有内容，且该操作不可撤销，所以要再次确认。

"页面"窗口中各按钮功能如下：

◆ 单击"添加"按钮，将直接新建空白页面并打开"模板库"。

◆ 单击"模板"按钮，则先打开"模板库"。

◆ 单击"收藏"按钮，可收藏当前页面并在新建时作为页面模板使用，这里的收藏功能需要付费升级，可按需选择。

◆ 单击"复制"按钮，可直接复制当前页面。在利用模板制作 H5 的过程中，该按钮使用频率较高。

各大 H5 制作网站的操作界面及各页面编辑方法大同小异，且均与 PPT 软件的使用方法极为相似。

（四）上传素材图片

进行页面内容编辑前，将整理好的素材批量上传，以为后续编辑工作提供便利。单击操作界面上方的"素材"按钮，打开"素材库"，如图 9-17 所示。

图 9-17 打开"素材库"

单击"素材库"左侧的"本地上传"按钮，即可上传素材图片。单击"素材库"中的图片，即可在当前页面使用所选图片，如图 9-18 所示。

图 9-18　在"素材库"中上传及使用素材图片

（五）页面内容的基本编辑

选中页面内容将弹出对应的编辑工具条，如所选内容为图片，则可进行"裁切""对齐""交互""镜像""图层调整""复制"及"删除"等操作，如图 9-19 所示。

图 9-19　图片内容编辑工具条

调整所选内容大小并将其拖动到页面上方，在弹出的工具条中单击"位置"按钮并选择"左右居中"选项，如图9-20所示。

图9-20　移动并对齐所选内容

（六）文本添加与编辑

双击文本内容并修改后，在弹出的编辑工具条中调整文本字体、字号并设置为"左右居中"对齐，如图9-21所示。

图9-21　编辑文本内容

单击操作界面上方的"文本"按钮，可在当前页面添加文本内容。其中各选项为预设文本格式，可按需选择，如图9-22所示。

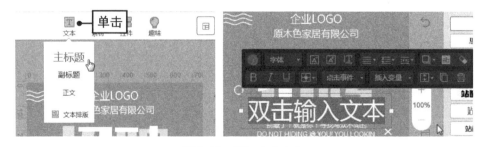

图9-22　添加文本内容

（七）页面内容的进阶编辑

操作界面右侧会根据所选内容出现不同的编辑窗口。未选择页面内容时，可对页面背景进行编辑，如图 9-23 所示。

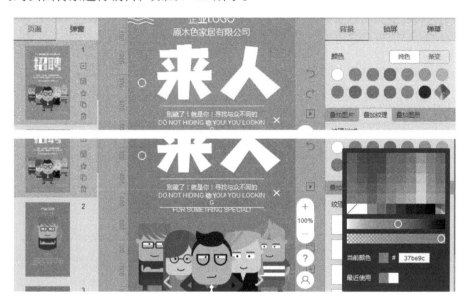

图 9-23　设置页面背景色

选中文本内容时，单击"高级样式"按钮，在展开的编辑窗口中可对文本对象进行填充、边框及透明度等设置，如图 9-24 所示。

图 9-24　设置文本内容

（八）搭建整体框架并在各页面填入设计要点

H5 设计制作的难点不在于工具的使用和操作，而是最终产出作品的使用价值。与一般设计类作品不同的是，H5 作品不仅要在视觉上做到画面优美，而且必须符合人们的阅读习惯，使整个作品通俗易理解，才便于传播和使用。

为了保证整个作品的逻辑清晰、阅读流畅，在开始进行页面内容的具体编辑之前，搭建整体框架是非常有必要，但却总被忽略的一个环节。如图 9-25 所示，对模板原有页面进行添加或删减并在各页面呈现主要设计点。

图 9-25　增删页面

 小贴士

在搭建整体框架时，应根据前期准备的思维导图进行设计要点的拆分，前期充足完善的准备工作，在这个时候便能体现出意义，进而大大提高工作效率。

拆分并填入设计要点时需要注意，大多数 H5 作品是在手机端显示的，而手机屏幕可呈现的内容有限。在设计制作过程中，可单击操作界面右上方的"预览和设置"按钮，准确把控页面在手机端的呈现效果。

9.4.4 添加动画元素

H5 作品丰富的动画效果能让枯燥的作品内容生动、活泼起来。同时，通过不同的动画效果设置，可让内容主次分明、要点明确。

选择不同类型的内容，在右侧编辑窗口中单击并切换到"动画"栏，会出现不同的设置选项。如图 9-26 所示，分别为图片与文本内容的动画设置选项。

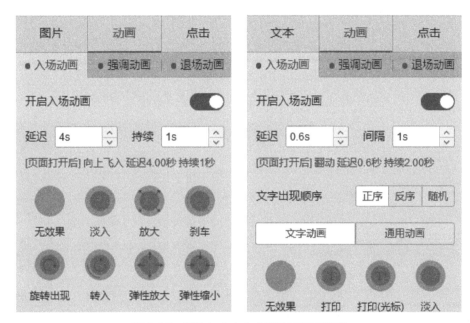

图 9-26　图片与文本内容的动画设置选项

（一）动画类型

H5 的动画类型与 PPT 的动画类型相似，共有 3 种类型：入场动画、强调动画和退场动画。

没有设置入场动画的内容会在页面切换后直接呈现，如公司名称、logo 等每页通用的内容，无须设置入场动画。

强调动画可以用在需要特别提醒或引导点击的内容上，如促销类 H5 的促销价格、限购数量、购买按钮等位置。此外，在一些静态页面的装饰图形上添加强调动画效果并持续循环，能立竿见影地使页面生动起来。

（二）设置选项

图片动画效果设置选项中的"延迟"和"持续"功能较为常用，分别决定了所选内容动画效果的开始时间和播放时长。

为强调动画选中"无限循环播放"复选框后，将出现"间隔"选项，用于设置强调动画的播放频次。

（三）播放及预览

在添加动画的过程中，单击页面右侧的"播放页面"按钮，可以在操作界面中预览当前页面的动画效果；单击操作界面右上方的"预览和设置"按钮，可在模拟手机屏幕中预览整个 H5 作品的动画效果，如图 9-27 所示。

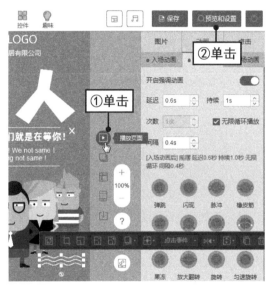

图 9-27　进行预览

 小贴士

单击"预览和设置"按钮后，将自动保存当前进度并打开模拟手机屏幕预览。

单击模拟手机屏幕下方的"手机预览"按钮，将在模拟屏幕中出现一个二维码。用手机微信扫码，即可在手机中预览整个 H5 作品。

9.4.5　添加背景音乐

一份完整的 H5 作品，不仅要有翔实的内容、精良的页面、流畅的阅读感，还要给受众以听觉上的刺激，通过添加符合当前作品风格的背景音乐，能让受众在打开作品的第一时间，就获得与之匹配的听觉印象。

单击操作界面右上方的"预览和设置"按钮，打开预览窗口，在"基础设置"窗口中单击"添加音乐"按钮，即可为当前 H5 作品添加背景音乐，如图 9-28 所示。

图 9-28　添加背景音乐

　　一般 H5 设计制作网站都会提供一定数量的音乐片段以供使用，我们也可以上传所需音频文件作为背景音乐。上传音乐文件时，应注意音频文件的大小和时长，选择适合循环播放的重复旋律为宜。

9.4.6 完成并发布作品

制作完成的 H5 作品必须通过"上线"或"发布",才能在网络上进行分享和传播。一般 H5 设计制作网站会有多个发布功能入口,如图 9-5 所示为通过设置窗口进行发布。

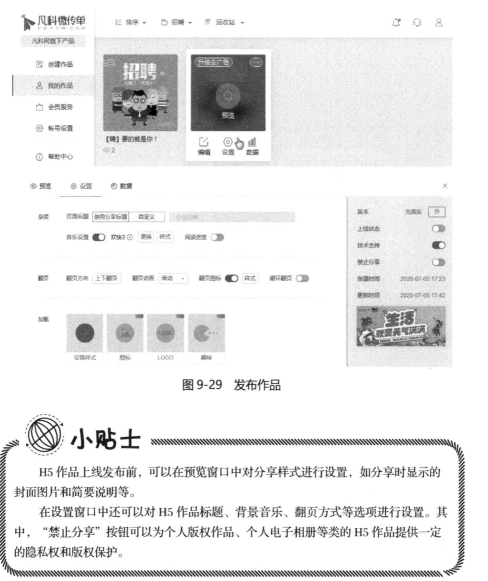

图 9-29　发布作品

小贴士

　　H5 作品上线发布前,可以在预览窗口中对分享样式进行设置,如分享时显示的封面图片和简要说明等。

　　在设置窗口中还可以对 H5 作品标题、背景音乐、翻页方式等选项进行设置。其中,"禁止分享"按钮可以为个人版权作品、个人电子相册等类的 H5 作品提供一定的隐私权和版权保护。

9.4.7 数据跟踪与分析

H5 作为一款在网络上传播的电子产品，比传统广告更容易监控投放效果。这些数据并不单纯是 H5 作品本身的评价标准，更是针对其承载内容或营销活动的评估手段。

如图 9-30 所示，在数据窗口中展示了一款 H5 作品的访问次数、访问人数等数据，还提供了逐日走势图，可以非常直观地了解传播效果。

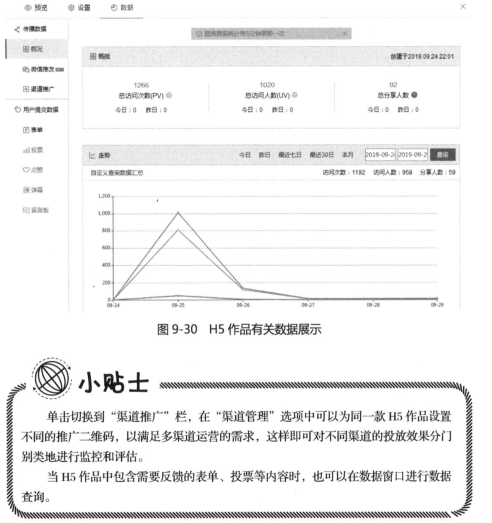

图 9-30　H5 作品有关数据展示

小贴士

单击切换到"渠道推广"栏，在"渠道管理"选项中可以为同一款 H5 作品设置不同的推广二维码，以满足多渠道运营的需求，这样即可对不同渠道的投放效果分门别类地进行监控和评估。

当 H5 作品中包含需要反馈的表单、投票等内容时，也可以在数据窗口进行数据查询。

9.5 专业级的互动 H5

H5 的优势不仅在于其多元的展示形态，更重要的是其还能提供丰富的互动功能。在广告投放和营销活动中，与受众建立交流通道、及时获取反馈信息是影响投放和营销效果的重要因素。

9.5.1 了解各类交互模块

H5 设计制作网站提供了形态多样的交互模块，只需要通过简单的选项设置，即可为 H5 作品添加丰富的互动功能，如图 9-31 所示。

科微传单 JFKW.COM

文本　素材　控件　趣味　　　　　　保存

装饰	多媒体	功能		互动		营销活动	
拼图	视频	按钮	微信	快捷表单	自由表单	转盘抽奖	投票活动
图册	音频	一键拨号	导航	普通投票	比赛投票	H5小游戏	微信红包
卡片集	图表	地图	变量	留言板	点赞	拼团活动	
特效层		倒计时	二维码				
		图片生成					

图 9-31　操作界面上方的"控件"按钮及其提供的交互模块

常用交互模块的功能及其主要应用场景，具体内容如下。

◆ **拼图类模块**：拼图、相册、图册类的模块可对多张图片进行拼贴组合，主要用于影集、纪念册、产品促销海报等需要多图展示的场景。

◆ **多媒体模块**：视频、音频等多媒体模块可以提供播放功能，如用于企业宣传的 H5 作品中可以添加企业主题曲或宣传片等。

◆ **功能模块**：主要提供实用性非常强大的交互功能，如通过用户点击触发事件的按钮功能，可以 GPS 定位和导航的地图功能等。

◆ **互动模块**：表单、投票、点赞等模块，主要用于获取用户反馈。

◆ **其他类型**：不同的 H5 设计制作网站会提供各具特色的模块，特别是在营销活动中需要的抽奖、小游戏等模块。

除了在"控件"窗口中添加交互模块，在设计制作过程中，选择页面内容并在弹出的工具条中单击"点击事件"按钮，也可以为所选内容添加互动模块，如图 9-32 所示。

图 9-32　添加互动模块

9.5.2 添加交互动作

表单是使用场景最为广泛的互动模块之一，包括邀请函、报名及征集类活动、市场调查及意见征询等。如图 9-33 所示，为添加一个"快捷表单"模块。

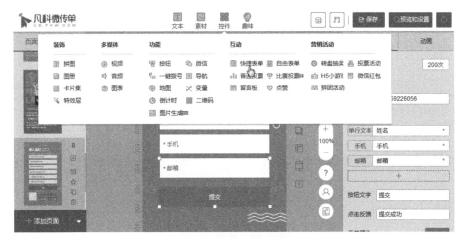

图 9-33　添加表单模块

选择表单内容，在编辑窗口中单击"高级样式"按钮，在其中可以设置表单外观格式并设定填写规则；单击"查看表单数据"按钮，可以查看当前表单获得的用户交互数据，如图 9-34 所示。

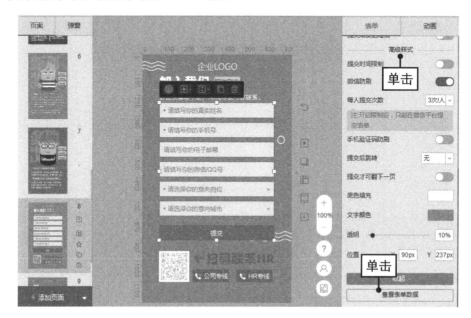

图 9-34　设置表单外观格式

在招聘广告、企业宣传册等多页 H5 作品中，可以利用交互模块在每页设置导航条，方便受众在阅览中根据需要进行页面跳转，如图 9-35 所示。

图 9-35　设置导航条

小贴士

　　页面跳转并非锁定跳转某页面，一旦出现页面顺序调整或有页面添加或删减时，其跳转位置也将随之发生改变。因此，页面跳转设置一定要在完成所有页面设计制作后统一进行。

9.6　H5 作品的应用及推广

　　H5 作品可应用于制作婚礼请柬、宝贝成长影集、同学会报名表和求职简历等以展示为目的场景中。而 H5 强大、实用的交互功能，拓宽了其在商业场景中的应用。

9.6.1　H5 作品的商用场景

　　通过视觉上的设计，鲜明呈现营销活动的利益点，吸引受众关注后，便捷地跳转到商品的购买页面或准确的店铺地址导航，能提高营销转化率，如图 9-36 所示。

图 9-36　跳转促销商品、带店铺定位的地图

通过竞赛、投票、问答等互动形式能增加受众参与感，提升用户黏性。通过一定的奖励规则，还能促进用户主动分享，达到裂变传播的目的，如图9-37所示。

图 9-37 多样的互动形式

H5的商用场景并不仅局限于本书或各网站进行的场景分类中。同一个功能在不同的使用场景中会呈现不同的效果。根据使用目的和所需功能，灵活设计、按需搭配，才能制作出与需求相匹配的H5作品。

9.6.2 扩大 H5 的推广范围

H5数据窗口中的各项数据维度，无不说明了H5的属性要求——传播，而影响H5传播的主要因素有以下四个。

- ◆ **渠道**：目前，H5主要是在私域进行传播，是否有足够的种子人群，决定了一个H5作品的传播方向和传播范围。

- ◆ **营销**：利益驱动的营销政策，决定了受众是否愿意主动分享。

- ◆ **匹配**：以恰当的形式，给恰当的人群，看恰当的内容。

- ◆ **趣味**：有趣、有看点的内容自身即带有强烈的传播属性。

网络互动平台
设计实例

第10章

在移动互联网时代，一种新型的营销模式正在快速发展，即社交营销，美工设计人员可以通过对新浪微博、微信朋友圈、微信公众号以及微信小程序等网络互动新媒体的界面进行设计，从而达到提升营销效果的目的。

➤ 制作微博主图的主体效果　　　➤ 制作微博主图的文字效果

➤ 制作头像与装饰效果　　　　　➤ 制作信息简介效果

➤ 制作推荐公众号标志效果　　　➤ 制作推荐公众号文案效果

➤ 制作搜索框效果　　　　　　　➤ 制作功能菜单与首页广告效果

➤ 制作导航栏效果

10.1 微博主图广告设计

微博是一种基于用户关系信息分享、传播以及获取的通过关注机制分享简短实时信息的广播式的网络社交平台，以文字、图片、视频等形式实现信息的即时分享、传播互动。

利用微博平台进行新媒体营销，只需要使用较短文字即可记录或发布信息，这种快速、便捷的信息分享方式使很多企业开始抢占微博营销平台，利用"微营销"占领网络市场。本节内容的主要目的是设计出微博主图广告，从而对企业的产品进行推广。

10.1.1 制作微博主图的主体效果

微博主图广告的主体部分主要是对产品图像进行美化，产品一定要真实，最好是企业的新产品或有代表性的产品，这样能直接吸引受众的注意力，其具体操作如下。

启动 Photoshop 应用程序，在开始界面中单击"文件"菜单项，选择"新建"命令。打开"新建"对话框，依次设置"名称""宽度""高度""分辨率""颜色模式"以及"背景内容"，然后单击"创建"按钮，即可创建一个空白文档，如图 10-1 所示。

图 10-1 创建文档

通过"窗口"|"图层"命令打开"图层"面板，单击"创建新图层"按钮新建"图层 1"图层，然后单击"前景色"按钮。打开"拾色器（背景色）"对话框，设置背景色为"灰色（#eeeeee）"，单击"确定"按钮完成设置，如图 10-2 所示。

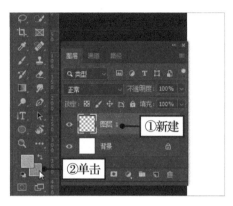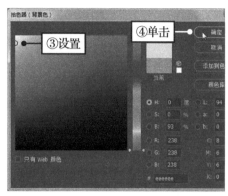

图 10-2 设置"背景色"

按 Ctrl+Delete 快捷键快速填充图层，单击"文件"菜单项，选择"打开"命令。打开"打开"对话框，选择目标图像，然后单击"打开"按钮，如图 10-3 所示。

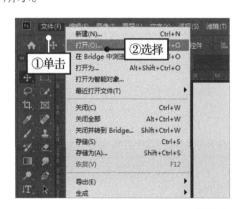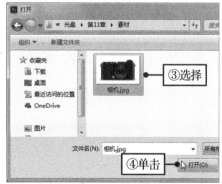

图 10-3 选择图像

单击"图像"菜单项，选择"调整"|"亮度/对比度"命令。打开"亮度/对比度"对话框，设置"亮度""对比度"，然后单击"确定"按钮完成设置，如图 10-4 所示。

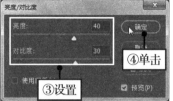

图 10-4 设置"亮度""对比度"

单击"滤镜"菜单项，选择"渲染"|"镜头光晕"命令。打开"镜头光晕"对话框，设置光晕"位置""亮度"与"镜头类型"，然后单击"确定"按钮完成设置，如图 10-5 所示。

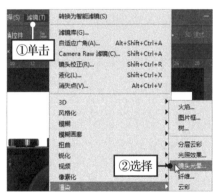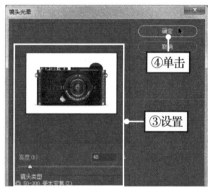

图 10-5 添加"滤镜"

在"图层"面板中双击背景图层，打开"新建图层"对话框，保持默认设置直接单击"确定"按钮。返回文档窗口，在工具栏中选择"橡皮擦工具"，在图像空白处进行涂抹删除背景，如图 10-6 所示。

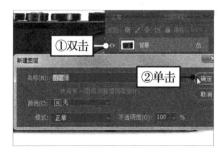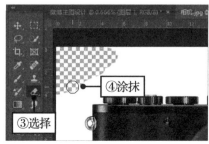

图 10-6 删除图像背景

在工具栏中选择"移动工具"，然后将图像拖动到"微博主图设计"文档窗口中，按 Ctrl+T 快捷键使图像进入变形状态，调整图像的大小与位置。选择"移动工具"，即可退出变形状态，如图 10-7 所示。

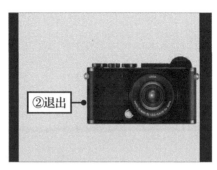

图 10-7　调整图像大小与位置

10.1.2 制作微博主图的文字效果

微博主图主要分为两部分，即主体部分和文字部分。而文字部分用于辅助主体部分，通过层次分明与艺术化的文字突出产品特色。在主图的主体部分制作完成后，可以为其添加文字进行修饰，使其更具有吸引力。

设置背景色为"白色"，然后选择"矩形工具"，设置填充色为"白色"、描边为"无"。在图像的相应位置绘制矩形，保持"图层"面板中形状图层的选择状态，单击"添加图层样式"下拉按钮，选择"混合选项"选项，如图 10-8 所示。

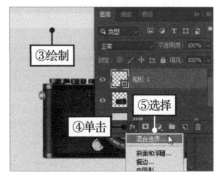

图 10-8　绘制矩形

打开"图层样式"对话框，在左侧列表中选中"投影"复选框，然后在"投影"栏中对其参数进行设置，然后单击"确定"按钮完成设置，如图10-9所示。

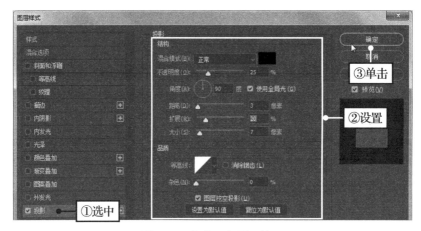

图10-9　添加"投影"效果

在工具栏中选择"横排文字工具"，在"字符"面板中对字符格式进行设置，然后在矩形形状上输入文字并将文字调整至合适的位置。选择"横排文字工具"，在"字符"面板中对字符格式进行设置，然后在图像的相应位置输入文字并调整文字的位置，如图10-10所示。

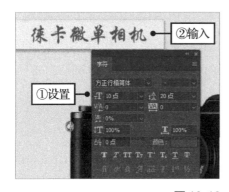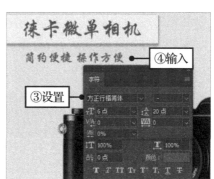

图10-10　输入文字

再次选择"横排文字工具"，在"字符"面板中对字符格式进行设置，然后在图像的相应位置输入价格内容并调整其位置。选择"¥"符号，在"字符"面板中单击"上标"按钮，在工具栏中选择"移动工具"，如图10-11所示。

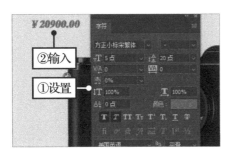
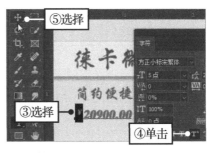

图 10-11　设置特殊符号

　　单击"文件"菜单项，选择"存储为"命令。打开"另存为"对话框，设置文件的存储路径，单击"保存"按钮即可完成操作，如图 10-12 所示。

图 10-12　保存图像文件

　　此时，即可查看到微博主图广告的最终设计效果，如图 10-13 所示。

图 10-13　查看设计效果

10.2 朋友圈相册封面设计

微信是一款为智能终端提供即时通信服务的免费应用程序，支持单人、多人参与，通过手机网络发送语音、图片、视频和文字。朋友圈是微信中的一项社交功能，一个与众不同的朋友圈相册封面，可以加深用户的印象。当然，想要把自己的朋友圈封面做得专业和漂亮，不仅需要吸引人的背景图，还应配有易懂独特的文字。

10.2.1 制作头像与装饰效果

由于微信的应用已经非常广泛，新媒体人员多会选择在自己的微信朋友圈中宣传产品，所以做好朋友圈头像就显得尤为重要。同时，为了让头像更加具有吸引力，可以对其进行装饰。

启动 Photoshop 应用程序，在开始界面中单击"新建"菜单项。打开"新建"对话框，依次设置"名称""宽度""高度""分辨率""颜色模式"以及"背景内容"，然后单击"创建"按钮，即可创建一个空白文档，如图 10-14 所示。

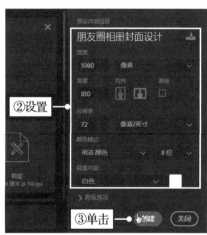

图 10-14　新建空白文档

在菜单栏中单击"文件"菜单项，选择"置入嵌入对象"命令。打开"置入嵌入的对象"对话框，选择目标图像，然后单击"置入"按钮，即可将图像置入设计文件中，如图 10-15 所示。

图 10-15　置入图像

调整图像的大小与位置（将鼠标光标置于控制点上，按住鼠标并拖动鼠标即可调整大小），完成后按 Enter 键。单击"文件"菜单项，选择"打开"命令，如图 10-16 所示。

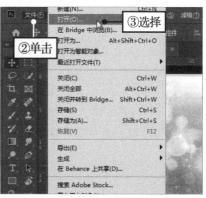

图 10-16　对置入的图像进行调整

打开"打开"对话框，选择目标图像，然后单击"打开"按钮。返回文档窗口，单击"图像"菜单项，选项"调整"|"亮度/对比度"命令，如图 10-17所示。

图 10-17　打开图像

打开"亮度 / 对比度"对话框，设置"亮度""对比度"，然后单击"确定"按钮。单击"图像"菜单项，选择"调整"|"自然饱和度"命令，如图 10-18所示。

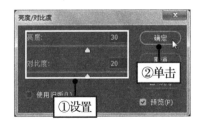

图 10-18　设置"亮度""对比度"

打开"自然饱和度"对话框，设置"自然饱和度""饱和度"，然后单击"确定"按钮。返回图像窗口，按 Ctrl+A 快捷键全选图像，按 Ctrl+C 快捷键复制图像，切换到设计图像中按 Ctrl+V 快捷键粘贴图像，如图 10-19 所示。

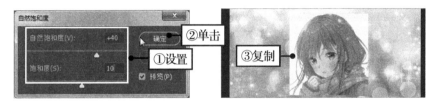

图 10-19　设置"自然饱和度"

按 Ctrl+T 快捷键使图像进入变形状态，调整图像的大小与位置，按 Ctrl 键退出变形状态。在工具栏的选框工具组上单击鼠标右键，选择"椭圆选框工具"选项，如图 10-20 所示。

图 10-20　选择"椭圆选框工具"

在工具选项栏中设置"羽化"为"1 像素"，按住 Shift 键的同时在人物图像头部按住鼠标左键并拖动鼠标，从而绘制一个圆形选区。打开"图层"面板，在面板底部单击"添加矢量蒙版"按钮，为"图层 1"图层添加蒙版，如图 10-21 所示。

图 10-21　为选区添加蒙版

按住 Ctrl 键的同时单击"图层 1"图层的图层蒙版，将其载入选区。然后单击"创建新图层"按钮，创建一个空白图层，如图 10-22 所示。

图 10-22　创建图层

单击"编辑"菜单项，选择"描边"命令。打开"描边"对话框，依次设置"宽度""颜色""位置""模式"与"不透明度"，单击"确定"按钮完成设置，如图 10-23 所示。

图 10-23　为选区添加"描边"效果

按 Ctrl+D 快捷键取消选区，在"图层"面板中新建一个图层。在工具栏中，选择"矩形选框工具"，设置填"充色"为"黑色"，然后在图像的相应位置绘制矩形，如图 10-24 所示。

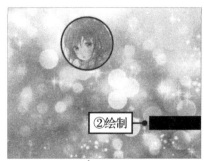

图 10-24　新建图层

选择"多边形工具"，在工具选项栏中设置路径操作为"减去顶层形状"、边为"3"。然后在矩形形状上绘制一个三角形，减去部分形状，如图 10-25 所示。

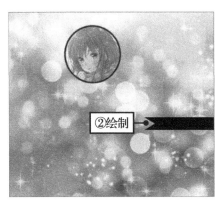

图 10-25　制作形状

保持"矩形 1"图层的选择状态，按 Ctrl+J 快捷键复制图层，单击"编辑"菜单项，选择"变换"|"水平翻转"命令。然后按住 Shift 键，将"矩形 1 拷贝"图层中的图像水平移动至相应位置，即可查看到头像与装饰的制作效果，如图 10-26 所示。

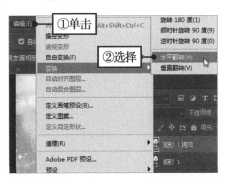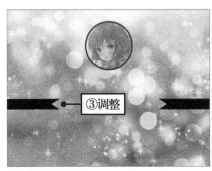

图 10-26　翻转形状

10.2.2　制作信息简介效果

为了能让用户直接了解自己，可以在朋友圈相册封面添加信息简介，同时为简介应用夺目的效果。

在"图层"面板中单击"创建新组"按钮，生成"组 1"，然后按住 Shift 键选择多个图层，释放 Shift 键将选择的图层拖入"组 1"中。单击"创建新图层"按钮，生成"图层 3"图层，在工具栏中选择"横排文字工具"，如图 10-27 所示。

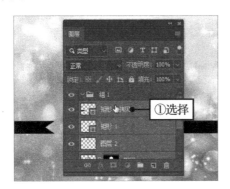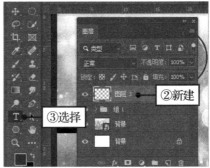

图 10-27　创建新组与新图层

在"字符"面板中设置字符格式，然后在图像中输入相应文本，选择"移动工具"，并对文本的位置进行调整。再次选择"横排文字工具"，在"字符"面板中设置字符格式，然后在图像上输入相应文本，如图 10-28 所示。

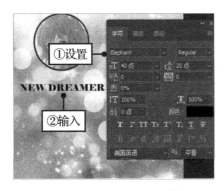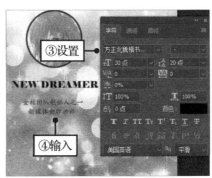

图 10-28　输入文本

选择"直线工具"，在工具选项栏中分别设置"填充"为"黑色"、"描边"为"黑色，6 像素"，在图像中绘制直线。然后以相同方法，在直线形状的两侧输入相应的文字，并调整其位置，如图 10-29 所示。

图 10-29　完成信息简介的制作

　　按 Ctrl+S 快捷键对图像进行保存，即可完成朋友圈相册封面的设计，效果如图 10-30 所示。

图 10-30　查看设计效果

10.3 公众号求关注页面设计

　　通过微信公众号，企业可以在微信平台实现和特定群体的文字、图片、语音及视频的全方位沟通、互动，从而形成一种线上线下的互动营销方式。新媒体人员要想让公众号吸引更多的粉丝，需要设计出精美的公众号求关注页面。
通常情况下，求关注页面需要运用形状工具绘制出线框效果，加入二维码，配
上说明性文字，最终将信息准确地传递给受众，从而起到引流效果。

10.3.1 制作推荐公众号标志效果

如果公众号关注标志到位，就可以在受众点击文章时看到所引导的内容，
直接关注二维码就可以关注公众号了。而个性化的公众号关注标志可以带来非
常有冲击力的视觉效果，所以新媒体人员需要掌握推荐公众号标志的制作。

在 Photoshop 开始界面单击"新建"按钮，打开"新建"对话框，依次设
置"名称""宽度""高度""分辨率""颜色模式"以及"背景内容"，然
后单击"创建"按钮，即可创建一个空白文档。在工具栏中选择"矩形工具"，
沿着画布绘制矩形，如图 10-31 所示。

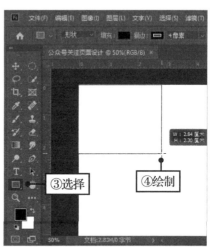

图 10-31　新建空白文档

此时，系统自动打开"属性"面板，在其中设置"填充"为"白色"、"描
边"为"黑色，4 像素"，单击"描边样式"下拉按钮，在打开的列表中选择
第二种样式，设置虚线为"3"、间隙为"3"，如图 10-32 所示。

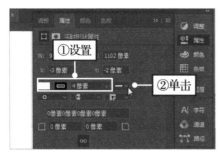
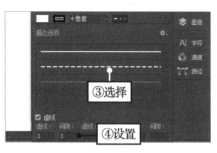

图 10-32　设置形状的"填充"与"描边"

单击"文件"菜单项，选择"打开"命令。打开"打开"对话框，选择目标图像，然后单击"打开"按钮，如图 10-33 所示。

图 10-33　打开图像

复制打开的图像，切换到设计图像中粘贴图像，调整图像的大小与位置。在工具栏中选择"椭圆选框工具"，按住 Shift 键在图像上绘制圆形选区，如图 10-34 所示。

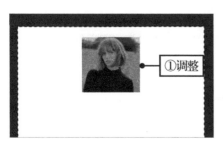

图 10-34　绘制选择

单击"选择"菜单项，选择"反选"命令即可对选区进行反向选择。按 Delete 键删除选区中的内容，然后按 Ctrl+D 快捷键取消选区，如图 10-35 所示。

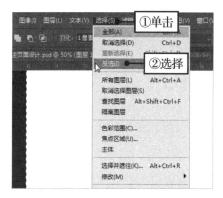

图 10-35　取消选区

在工具栏中单击"前景色"按钮，打开"拾色器（前景色）"对话框，选择"蓝色（#280af0）"，然后单击"确定"按钮。新建空白图层，在形状工具组上单击鼠标右键，选择"自定形状工具"命令，如图 10-36 所示。

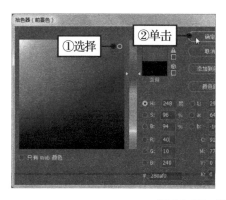

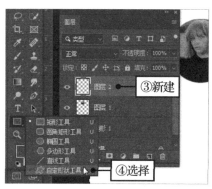

图 10-36　选择形状工具

在工具选项栏中设置"选择工具模式"为"像素"，单击"形状"下拉按钮，选择"方块形卡"选项。按住 Shift 键，在图像中的相应位置绘制形状，如图 10-37 所示。

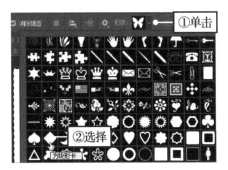

图 10-37　绘制方块形状

在工具栏中选择"矩形选框工具"，然后在方块形状上绘制一个矩形选框。在菜单栏中单击"图层"菜单项，选择"新建"|"通过剪切的形状图层"命令，即可将选区内的形状剪切为一个新图层，如图 10-38 所示。

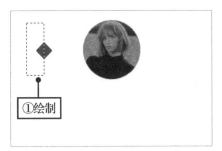

图 10-38　剪切形状图层

选择"移动工具"，将剪切的图像调整至合适的位置。设置前景色为"绿色（#1ef00a）"，按住 Ctrl 键单击"图层 3"图层的图层缩览图，将该图层中的形状载入选区，如图 10-39 所示。

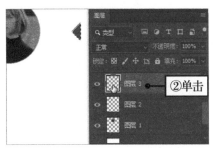

图 10-39　载入选区

按 Alt+Delete 快捷键为选区填充前景色，然后按 Ctrl+D 快捷键取消选区，即可完成推荐公众号标志的制作，如图 10-40 所示。

图 10-40　完成推荐公众号标志的制作

10.3.2　制作推荐公众号文案效果

公众号文案主要分为二维码和说明性文字，要想对其效果进行设置，其主要操作如下。

在工具栏中选择"横排文字工具"，设置文字的字符格式，在图像中输入文字并调整其位置。按 Ctrl+J 快捷键复制文字图层，然后修改字符格式，修改文字内容并调整其位置，如图 10-41 所示。

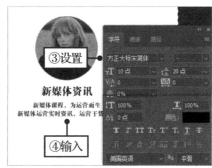

图 10-41　输入文字

单击"文件"菜单项，选择"置入嵌入对象"命令。打开"置入嵌入的对象"对话框，选择目标图像，单击"置入"按钮置入图像，如图 10-42 所示。

图 10-42　置入图像

　　调整图像的大小与位置，按 Enter 键退出编辑状态。以相同的方法设置字符格式，在二维码下方输入相应的文字，然后按 Ctrl+S 快捷键保存图层，即可完成公众号求关注页面的设计，如图 10-43 所示。

图 10-43　完成设计

　　按 Ctrl+S 快捷键对图像进行保存，效果如图 10-44 所示。

图 10-44　查看设计效果

10.4 微信小程序主界面设计

微信小程序是一款新的开发工具，用户可以快速地开发一个小程序。小程序可以在微信内被便捷地获取和传播，同时用户具有较好的使用体验。

随着微信小程序越来越受欢迎，小程序界面设计在企业营销中也越来越受到关注，小程序界面是产品与用户的交互，如果无法通过界面向用户传递价值，那营销也就没有价值。因此，新媒体人员需要设计出极具吸引力的小程序界面。

10.4.1 制作搜索框效果

通常情况下，为了方便用户寻找需要的信息，企业的微信小程序界面通常含有搜索框，位于界面上方，从而提高用户体验，其具体制作步骤如下。

选择"文件"|"打开"命令，打开"新建"对话框，对各参数进行设置，单击"创建"按钮创建一个空白文档。单击"文件"菜单项，选择"置入嵌入对象"命令，如图 10-45 所示。

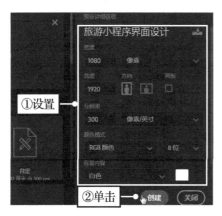

图 10-45 新建文档

打开"置入嵌入的对象"对话框，选择目标图像，单击"置入"按钮。将图像置入主图后，调整图像的大小与位置，然后按 Enter 键确认设置，如图 10-46 所示。

图 10-46 置入图像

将鼠标光标移动到页面上方的标尺上，按住鼠标左键并拖动鼠标，从而创建两条辅助线。在工具栏中选择"横排文字工具"，设置字符格式，输入文字，然后将其放置至合适的位置，如图 10-47 所示。

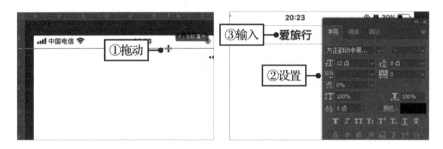

图 10-47 输入文字

选择"置入嵌入对象"命令，打开"置入嵌入的对象"对话框，选择目标图像，单击"置入"按钮，调整其大小与位置，按 Enter 键确认设置，如图 10-48所示。

图 10-48 置入图像

选择"矩形工具",在工具选项栏中设置选择工具模式为"形状"、"填充"为"白色"、"描边"为"无",然后在图像的相应位置绘制矩形。按 Ctrl+J 快捷键复制形状图层,适当调整其位置,如图 10-49 所示。

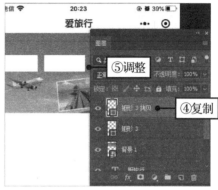

图 10-49　绘制形状

按 Ctrl+T 快捷键显示变换控制框,调整形状的大小,按 Enter 键确认设置。选择"横排文字工具",设置字符格式,在图像中输入文本并调整其位置,如图 10-50 所示。

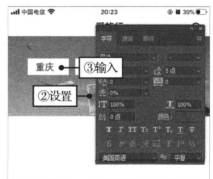

图 10-50　输入文本

再次选择"横排文字工具",在图像中输入特殊符号"〈"。按 Ctrl+T 快捷键显示变换控制框,单击"编辑"菜单项,选择"变换"|"逆时针旋转 90 度"命令,按 Enter 键确认设置,然后调整符号的位置,如图 10-51 所示。

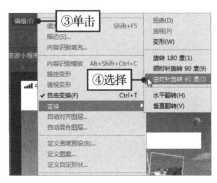

图 10-51　输入特殊符号

选择"自定形状工具",在工具选项栏中对其参数进行设置,单击"形状"下拉按钮,在列表右上角单击"设置"按钮,选择"全部"选项,如图 10-52 所示。

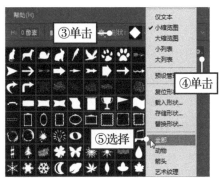

图 10-52　设置形状

在打开的提示对话框中单击"确定"按钮,再次单击"形状"下拉按钮,选择"搜索"按钮,如图 10-53 所示。

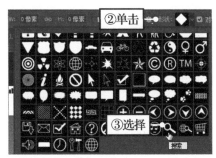

图 10-53　选择形状

在图像的相应位置绘制搜索形状，并将其调整至合适位置，然后以相同方法在其后输入文字并调整位置，如图 10-54 所示。

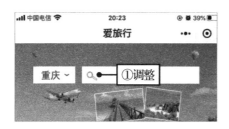

图 10-54　绘制图像与输入文本

10.4.2 制作功能菜单与首页广告效果

简单而言，微信小程序是一款轻度化的 APP，具有即用即走、随手可得的特点，使之成为企业的流量来源，也是用户的关注焦点。小程序可以利用功能菜单对多个功能进行分类，然后指引用户寻找目标功能。同时，利用广告进行宣传，吸引用户的注意力。

在菜单栏中单击"文件"菜单项，选择"置入嵌入对象"命令。打开"置入嵌入的对象"对话框，选择目标图像，单击"置入"按钮，如图 10-55 所示。

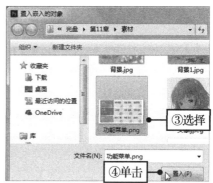

图 10-55　置入图像

调整图像的大小与位置，在工具栏中选择"矩形选框工具"，然后绘制一个矩形选区。设置前景色为"浅灰色（#f0f0f0）"，按 Alt+Delete 快捷键为选区填充前景色，如图 10-56 所示。

图 10-56　绘制选区并填充前景色

在矩形选区上单击鼠标右键，选择"变换选区"命令。适当调整选区的大小，按 Enter 键确认设置，然后按 Delete 键删除选区中的颜色，如图 10-57 所示。

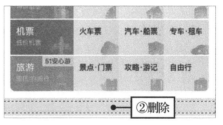

图 10-57　删除选区中的颜色

选择"横排文字工具"，设置字符格式，输入文本并调整其位置。单击"文件"菜单项，选择"打开"命令，如图 10-58 所示。

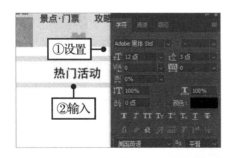

图 10-58　输入文本

打开"打开"对话框，选择目标图像，然后单击"打开"按钮。单击"图像"

菜单项，选择"调整"|"自然饱和度"命令，如图 10-59 所示。

图 10-59　打开图像

打开"自然饱和度"对话框，设置"自然饱和度""饱和度"，单击"确定"按钮。返回文档窗口，单击"图像"菜单项，选择"调整"|"曲线"命令，如图 10-60 所示。

图 10-60　设置自然饱和度

打开"曲线"对话框，拖动曲线调整图像整体色彩效果后关闭对话框，在返回的文档窗口中单击"图像"菜单项，选择"调整"|"可选颜色"命令，如图 10-61 所示。

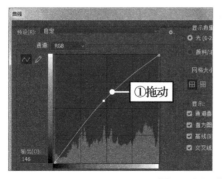

图 10-61　设置"曲线"

打开"可选颜色"对话框，在"颜色"列表中选择"红色"选项，分别对
其参数进行设置。然后在"颜色"列表中选择"蓝色"选项，分别对其参数进
行设置，单击"确定"按钮，如图 10-62 所示。

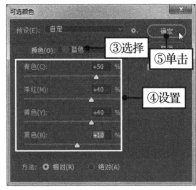

图 10-62　设置可选颜色

将调整好的图像复制到设计主图中，按 Ctrl+T 快捷键显示定界框，调整
图像的大小与位置，按 Enter 键确认设置。在工具栏中选择"矩形工具"，设
置"填充"为"深黄色"、"描边"为"无"，绘制矩形并调整形状的位置，
如图 10-63 所示。

图 10-63　调整图像大小与位置并绘制矩形

在"图层"面板中选择"矩形图层"，设置填充为"70%"。选择"横排
文字工具"，设置字符格式，然后输入文字并调整位置，如图 10-64 所示。

 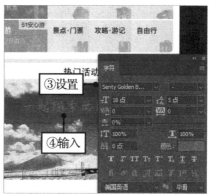

图 10-64　输入文字

　　再次选择"横排文字工具"，设置字符格式，然后输入文字并调整位置。此时，即可完成功能菜单与首页广告的制作，如图 10-65 所示。

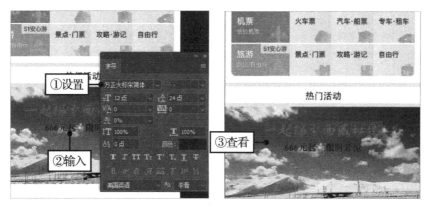

图 10-65　完成制作

10.4.3　制作导航栏效果

　　通常情况下，小程序的导航栏位于页面顶部或底部区域，由一排水平导航按钮组成，起着链接站点或者小程序内各个页面的作用。利用导航栏，用户可以快速进入功能页面，找到自己需要的内容，其具体制作步骤如下。

　　新建空白图层，设置前景色为"#dbf1cb"，选择"矩形选框工具"，在图像中绘制选区，按 Alt+Delete 快捷键为选区填充前景色，然后按 Ctrl+D 快捷键取消选区，如图 10-66 所示。

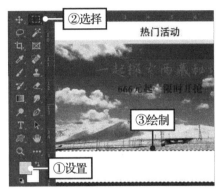

图 10-66　填充选区

新建空白图层，选择"自定形状工具"，在工具选项栏中设置"填充"为"深绿色"、"描边"为"无"以及形状为"主页"，然后绘制形状并调整位置。选择"横排文字工具"，设置字符格式，在图像中输入文本并调整位置，如图 10-67 所示。

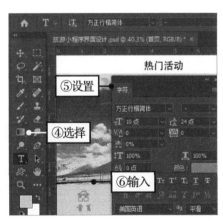

图 10-67　绘制形状

选择"置入嵌入对象"命令，打开"置入嵌入的对象"对话框，选择目标图像并将其置入设计图像中，调整素材图像的大小与位置。选择"横排文字工具"，设置字符格式，然后输入文字并调整位置，如图 10-68 所示。

 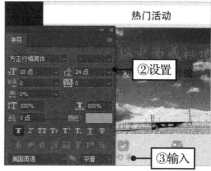

图 10-68　置入图像

按 Ctrl+S 快捷键保存图像，即可完成微信小程序主界面的设计，效果如图 10-69 所示。

图 10-69　查看设计效果

资讯与微商平台设计实例

第11章

资讯类与微商类平台是营销的主战场，新媒体美工在进行辅助营销推广时，需要重点针对这些平台进行美化设计，本章将通过一些具体实例展示应用技巧。

➤ 制作横幅广告背景效果　　　➤ 制作横幅广告文字效果

➤ 制作广告封面背景效果　　　➤ 制作广告封面主体效果

➤ 制作广告封面主体效果　　　➤ 制作秒杀页面的主体效果

➤ 制作秒杀页面的文案效果

11.1 今日头条资讯横幅广告设计

今日头条是一款为用户推荐信息、提供连接人与信息的服务平台，也是当下极为热门的营销推广平台。新媒体人员想要做好今日头条的营销推广，可以通过资讯横幅广告实现，不过需要做好相关设计。

11.1.1 制作横幅广告背景效果

随着信息流广告的发展，越来越多的企业开始投放今日头条广告，不仅因为头条流量的增长气势非常凶猛，还因为头条商业化产品的多样性和成熟度都比较高。不过，新媒体人员想要制作资讯横幅广告，首先需要设计出具有吸引力的背景图。

选择"文件"|"新建"命令，打开"新建"对话框，设置文档"名称""宽度""高度""分辨率""颜色模式"以及"背景内容"，单击"创建"按钮创建一个空白文档。选择"文件"|"打开"命令，打开"打开"对话框，选择目标图像，然后单击"打开"按钮打开图像，如图11-1所示。

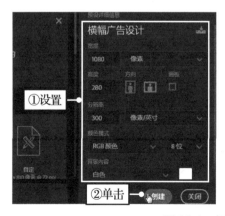

图11-1 新建空白文档

选择"窗口"|"调整"命令，打开"调整"面板，单击"曲线"按钮新建"曲线1"调整图层。打开"属性"面板，调整曲线，如图11-2所示。

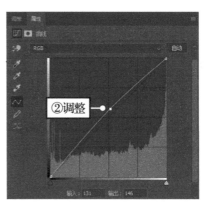

图 11-2　新建曲线调整图层

在"调整"面板中单击"自然饱和度"按钮，新建"自然饱和度 1"图层。打开"属性"面板，设置"自然饱和度""饱和度"，如图 11-3 所示。

图 11-3　新建自然饱和度图层

按 Shift+Ctrl+Alt+E 组合键盖印可见图层，得到"图层 1"图层。选择"移动工具"，将图像移动到设计图像中，按 Ctrl+T 组合键使图像进入变形状态，调整图像的大小与位置，按 Enter 键确认设置，如图 11-4 所示。

图 11-4　调整图像大小与位置

单击"滤镜"菜单项，选择"模糊"|"方框模糊"命令。打开"方框模糊"对话框，设置"半径"为"2像素"，单击"确定"按钮，如图11-5所示。

图11-5　对图像进行模糊处理

11.1.2　制作横幅广告文字效果

横幅广告的背景效果设计完成后，就可以为其添加文字，为了让横幅广告的整体效果更具吸引力，引起更多的用户主动关注，可以为文字添加相应的图层样式。

在工具栏中选择"横排文字工具"，然后通过"字符"面板设置字符格式，在图像中输入相应文字并调整位置，如图11-6所示。

图11-6　输入文字并调整位置

在"图层"面板中保持文字图层的选择状态，单击"添加图层样式"下拉按钮，选择"渐变叠加"选项。打开"图层样式"对话框，在"渐变叠加"栏中单击"点按可编辑渐变"按钮，如图 11-7 所示。

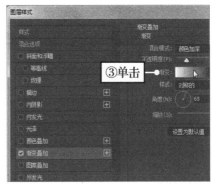

图 11-7　添加"渐变叠加"样式

打开"渐变编辑器"对话框，在"预设"列表框中选择"橙、黄、橙渐变"选项，然后单击"确定"按钮。返回"图层样式"对话框，在"渐变叠加"栏中依次设置"不透明度"为"100%"、"样式"为"线性"、"角度"为"90度"，如图 11-8 所示。

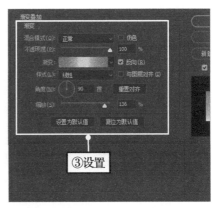

图 11-8　设置"渐变叠加"样式

选中"投影"复选框，在"投影"栏中依次设置"混合模式"为"正片叠底"、"不透明度"为"75%"、"角度"为"90 度"、"距离"为"7 像素"、"扩展"为"0"和大小为"7像素",然后单击"确定"按钮,如图11-9所示。

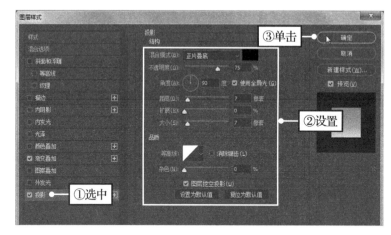

图11-9 设置"投影"样式

在工具栏中选择"横排文字工具",设置字符格式,在图像中输入文字并调整位置。再次选择"横排文字工具",设置字符格式,输入文字并调整位置,如图11-10所示。

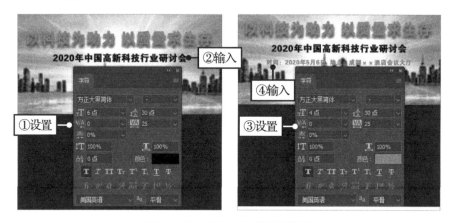

图11-10 输入文字并调整位置

单击"文件"菜单项,选择"置入嵌入对象"命令。打开"置入嵌入的对象"对话框,选择目标图像,单击"置入"按钮,然后调整图像的大小与位置,如图11-11所示。

图 11-11　置入图像

按 Ctrl+S 组合键对图像进行保存，即可完成今日头条资讯横幅广告的设计，效果如图 11-12 所示。

图 11-12　查看资讯横幅广告的制作效果

11.2　百度新闻图文推送广告封面设计

百度新闻每天会发布多条新闻，是一种 24 小时的自动新闻服务，与其他新闻服务不同，它从上千个新闻源中收集并筛选新闻报道，将最新最及时的新闻提供给用户，突出新闻的客观性和完整性，真实地反映每时每刻的新闻热点。

目前，网络推广被越来越多的企业高度重视，而百度新闻营销作为一种低成本、高回报的推广营销方式，受到越来越多企业的认可。不过，企业要想利用百度新闻进行营销，设计精美的图文推送广告封面必不可少。

11.2.1 制作广告封面背景效果

百度新闻为新媒体人员提供了一个营销平台，该平台拥有很多用户，所以新媒体人员可以通过图文广告进行营销。而在制作百度新闻的图文推送广告封面设计时，首先要对背景图像的偏色情况进行调整，具体制作步骤如下。

启动 Photoshop 应用程序，在开始界面中单击"文件"菜单项，选择"打开"命令。打开"打开"对话框，选择目标图像，然后单击"打开"按钮，如图 11-13 所示。

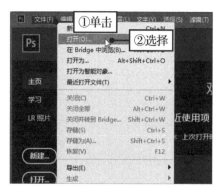

图 11-13　打开图像

单击"图像"菜单项，选择"调整"|"亮度 / 对比度"命令。打开"亮度 / 对比度"对话框，设置"亮度""对比度"，单击"确定"按钮，如图 11-14 所示。

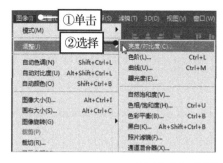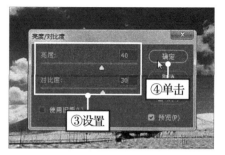

图 11-14　设置"亮度""对比度"

单击"图像"菜单项，选择"调整"|"曲线"命令。打开"曲线"对话框，设置曲线，然后单击"确定"按钮，如图 11-15 所示。

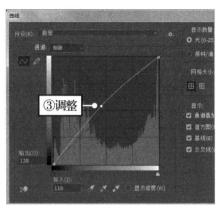

图 11-15　调整"曲线"

单击"图像"菜单项，选择"调整"|"自然饱和度"命令。打开"自然饱和度"对话框，设置"自然饱和度""饱和度"，然后单击"确定"按钮，如图 11-16 所示。

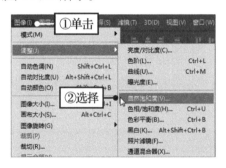

图 11-16　设置"自然饱和度"

单击"图像"菜单项，选择"调整"|"色彩平衡"命令。打开"色彩平衡"对话框，对"色阶"进行设置，然后单击"确定"按钮，如图 11-17 所示。

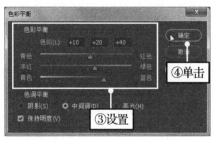

图 11-17　设置"色彩平衡"

11.2.2 制作广告封面主体效果

通常情况下，广告封面的主体是需要进行推广与宣传的产品，对产品进行美化，能吸引更多的受众关注才是关键，其具体制作步骤如下。

按 Ctrl+O 组合键打开"打开"对话框，选择目标图像，然后单击"打开"按钮，即可打开素材图像，如图 11-18 所示。

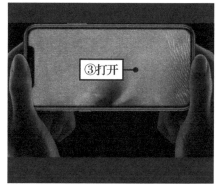

图 11-18　打开图像

按 Ctrl+J 组合键复制背景图层，得到"图层 1"图层，然后隐藏背景图层。在工具栏中选择"魔棒工具"，设置"容差"为"20"，如图 11-19 所示。

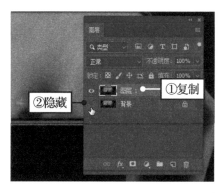
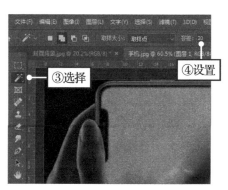

图 11-19　选择"魔棒工具"

在手机屏幕单击鼠标，选择屏幕区域的图像。完成后按 Delete 键删除选区中的内容，然后按 Ctrl+D 组合键取消选区，如图 11-20 所示。

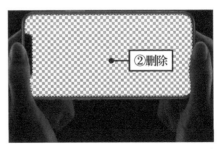

图 11-20　选择图像

再次选择"魔棒工具"，在图像的黑色区域单击鼠标，选择背景图像。完成后按 Delete 键删除选区中的内容，然后按 Ctrl+D 组合键取消选区，如图 11-21 所示。

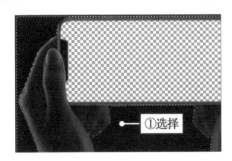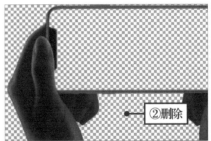

图 11-21　删除背景图像

选择"移动工具"，将素材图像移动至设计图像中，然后调整素材图像的大小与位置。选择"魔棒工具"，在图像中创建选区，如图 11-22 所示。

图 11-22　移动图像

在"图层"面板中选择"背景"图层，单击"图层"菜单项，选择"新建"|"通过拷贝的图层"命令，得到"图层 2"图层，再次选择"背景"图层，如图 11-23 所示。

图 11-23　选择"背景图层"

单击"滤镜"菜单项，选择"模糊"|"方框模糊"命令。打开"方框模糊"对话框，设置"半径"为"15 像素"，然后单击"确定"按钮，如图 11-24 所示。

图 11-24　设置"模糊"效果

11.2.3 制作广告封面主体效果

对于广告而言，文字是非常重要的辅助工具，可以让用户一眼就知道广告想要传达的信息。因此，广告封面设计的最后一步就是添加适当的宣传文字，其具体制作步骤如下。

在工具栏中选择"横排文字工具"，设置字符格式，然后输入文字并调整位置。再次选择"横排文字工具"，设置字符格式，输入文字并调整位置，如图 11-25 所示。

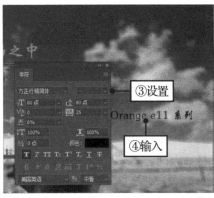

图 11-25 输入文字

选择"圆角矩形工具"，在工具选项栏中设置"填充"为"红色"、"描边"为"无"、"半径"为"10 像素"，然后在图像的相应位置绘制圆角矩形形状，并调整其位置，如图 11-26 所示。

图 11-26 绘制形状

在圆角矩形上单击鼠标右键，在弹出的快捷菜单中选择"混合选项"命令。打开"图层样式"对话框，选中"外发光"复选框，在"外发光"栏中单击"设置发光颜色"按钮，如图 11-27 所示。

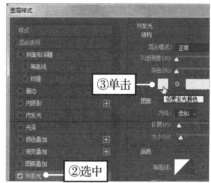

图 11-27　打开"图层样式"对话框

打开"拾色器（外发光颜色）"对话框，选择相应的颜色，单击"确定"按钮。返回"图层样式"对话框，设置"混合模式"为"线性光"、"不透明度"为"35%"、"扩展"为"6%"、"大小"为"10 像素"，然后单击"确定"按钮，如图 11-28 所示。

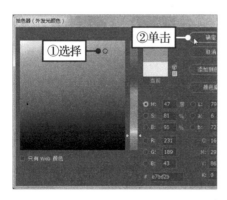
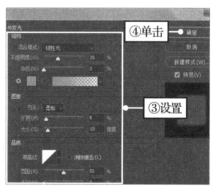

图 11-28　添加"外发光"效果

返回设计图像，选择"横排文字工具"，设置字符格式，然后在圆角矩形上输入文字并调整位置，如图 11-29 所示。

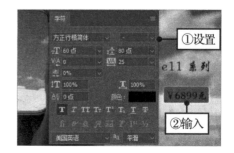

图 11-29　输入文字

按 Ctrl+S 快捷键保存图像，即可完成百度新闻图文推送广告封面的设计，效果如图 11-30 所示。

图 11-30　查看设计效果

11.3　新品推广秒杀活动页面设计

通常情况下，企业在新品上市时会通过店铺开展一些活动，主要目的是吸引更多的受众对新产品产生兴趣，从而提高产品的销量，这也是最常见的营销方式。因此，新媒体人员在制作新产品推广活动页面时，可以结合各种促销手段提高活动吸引力，从而吸引更多受众的关注。

11.3.1　制作秒杀页面的主体效果

秒杀页面的主体中主要包含两部分，分别是背景图像与产品图像。因此，新媒体人员要想直接吸引受众的注意力，就必须把握这两个方面内容的设计，其具体制作步骤如下。

启动 Photoshop 应用程序，按 Ctrl+O 组合键打开"打开"对话框，选择目标图像，然后单击"打开"按钮即可打开背景图像，如图 11-31 所示。

图 11-31　打开背景图像

再次按 Ctrl+O 组合键打开"打开"对话框，选择目标图像，然后单击"打开"按钮，即可打开素材图像，如图 11-32 所示。

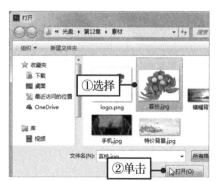

图 11-32　打开素材图像

单击"图像"菜单项，选择"调整"|"亮度／对比度"命令。打开"亮度／对比度"对话框，设置"亮度""对比度"，然后单击"确定"按钮，如图 11-33所示。

图 11-33　设置"亮度""对比度"

单击"图像"菜单项，选择"调整"|"曲线"命令。打开"曲线"对话框，设置曲线，然后单击"确定"按钮，如图 11-34 所示。

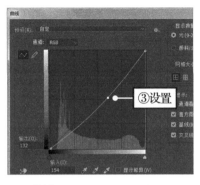

图 11-34　设置"曲线"

单击"图像"菜单项，选择"调整"|"自然饱和度"命令。打开"自然饱和度"对话框，依次设置"自然饱和度""饱和度"，然后单击"确定"按钮，如图 11-35 所示。

图 11-35　设置"自然饱和度"

将素材图像复制到设计图像中，调整素材图像的大小。在工具栏中选择"魔棒工具"，在素材图像中单击鼠标，选择图像中的白色背景，如图 11-36 所示。

图 11-36　选择背景

按 Delete 键删除素材图像的背景，按 Ctrl+D 组合键退出选区，然后按 Ctrl+T 组合键使素材图像进入变形状态，通过控制柄调整图像的角度，完成后按 Enter 键确认设置，如图 11-37 所示。

图 11-37 调整图像的位置

11.3.2 制作秒杀页面的文案效果

对于新品上市的特价秒杀活动而言，文案内容是非常关键的，它可以让受众直接了解活动的内容，勾起受众内心的购买欲望，其具体制作步骤如下。

在菜单栏中单击"文件"菜单项，选择"置入嵌入对象"命令。打开"置入嵌入的对象"对话框，选择目标图像，单击"置入"按钮，如图 11-38 所示。

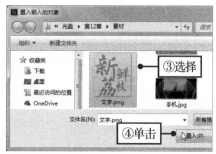

图 11-38 置入图像

调整图像的大小与位置，然后按 Enter 键确认设置。在"图层"面板中单击"添加图层样式"下拉按钮，选择"渐变叠加"选项，如图 11-39 所示。

图 11-39　调整图像

打开"图层样式"对话框,在"渐变叠加"栏中设置"混合模式"为"正常"、"不透明度"为"70%"、"渐变"为"色谱"以及"样式"为"线性",然后单击"确定"按钮,如图 11-40 所示。

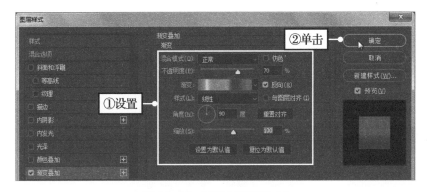

图 11-40　设置"图层样式"

选择"自定义形状工具",在工具选项栏中单击"形状"下拉按钮,选择"会话 1"选项。设置"填充"为"红色"、"描边"为"无",然后在图像中绘制形状,如图 11-41 所示。

图 11-41　绘制形状

选择"横排文字工具"，设置字符格式，然后输入文字并将其移动到形状上。选择"矩形工具"，保持工具选项栏中的设置，然后在图像中绘制矩形形状，如图11-42所示。

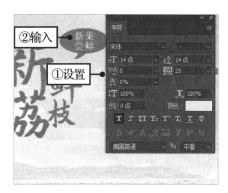
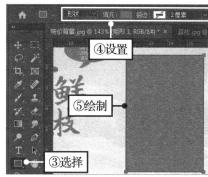

图11-42 绘制矩形形状

选择"直线工具"，设置"填充"为"白色"、"描边"为"无"，然后在矩形形状上绘制直线。两次按Ctrl+J组合键复制两条直线，然后调整多条直线的位置，如图11-43所示。

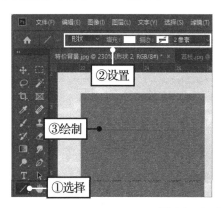
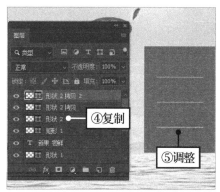

图11-43 绘制直线形状

选择"横排文字工具"，设置字符格式，然后在图像中输入文字并调整文字位置。多次按Ctrl+J组合键复制文字图层，对图层中的文字进行修改并调整其位置，如图11-44所示。

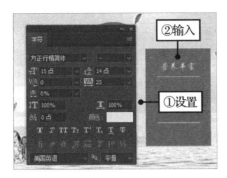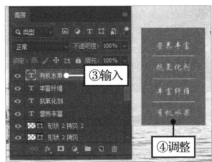

图 11-44　输入文字说明

选择"横排文字工具"，设置字符格式，输入文字并调整文字的位置。然后选择文字中的"￥"符号，设置其字体大小，如图 11-45 所示。

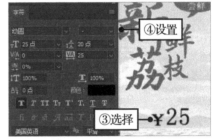

图 11-45　输入价格

选择"矩形工具"，设置"填充"为"红色"、"描边"为"无"，然后在图像中绘制矩形形状。选择"横排文字工具"，设置字符格式，输入文字并调整位置，如图 11-46 所示。

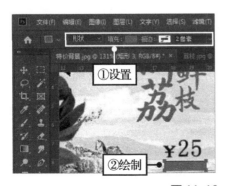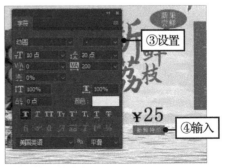

图 11-46　绘制形状

再次选择"横排文字工具",设置字符格式,输入文字并调整位置。然后通过"置入嵌入对象"命令置入二维码图像,并调整其大小与位置,如图 11-47 所示。

图 11-47　置入图像

按 Ctrl+S 组合键保存图像,即可完成新品推广秒杀活动页面的设计,效果如图 11-48 所示。

图 11-48　查看设计效果

直播视听平台
设计实例

第12章

当下，短视频、直播以及音频平台的出现，使得新媒体的表现方式得到了"解放"，而利用这些平台进行品牌与产品宣传，可以为受众带来更好的视听感受，吸引更多受众关注，所以本章将关注新媒体美工在这类直播平台中的应用实例。

▶ 制作直播讲师信息效果
▶ 制作图书推荐与求关注效果
▶ 制作发光标题文字效果
▶ 制作音频课堂主图背景效果
▶ 制作播放主页封面背景效果

▶ 制作讲师简介与课程大纲效果
▶ 制作直播推荐海报背景
▶ 制作海报立体按钮效果
▶ 制作音频课堂主图文字效果
▶ 制作播放主页封面主体效果

12.1 腾讯直播课程宣传长页设计

随着移动互联网和视频技术的快速发展，一种新型的传播方式逐渐出现在人们的视野中，即视频直播。简单而言，视频直播是指在现场随着事件的发生、发展进程同步制作和发布信息，具有双向流通过程的信息网络发布方式。作为争夺粉丝和流量的有效工具，可以拉近企业与用户之间的联系，对品牌传播和商业转化有着很好的促进作用。

在制作直播课程宣传长页时，可以利用矩形工具将不同内容分成多个区域，使需要宣传的信息更加直观和清晰，并采用辅助色让画面整体更加简单、清爽。

12.1.1 制作直播讲师信息效果

在移动互联网时代，教育直播同样地进行得如火如荼，由于网络直播自带空间优势，不受地点限制，借助互联网的成本低、效率高以及人性化等特点，越来越多的企业与用户倾向于在线课堂，而设计直播课程宣传长页的第一步就是制作直播讲师信息，其具体制作步骤如下。

选择"文件"|"新建"命令打开"新建"对话框，依次设置文档"名称""宽度""高度""分辨率""颜色模式"以及"背景内容"，然后单击"创建"按钮。在工具栏中选择"矩形选框工具"，在图像中绘制矩形选区，如图12-1所示。

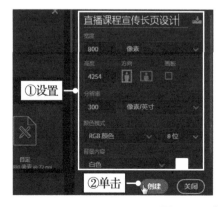
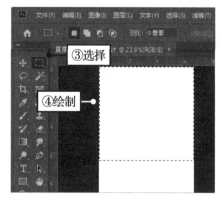

图 12-1　新建空白文档

单击"前景色"按钮，打开"拾色器（前景色）"对话框，设置前景色为"浅绿色（#a3f2c1）"，然后单击"确定"按钮。在"图层"面板中新建空白图层，按 Alt+Delete 组合键为选区填充前景色，然后按 Ctrl+D 组合键取消选区，如图 12-2 所示。

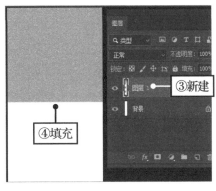

图 12-2　填充选区

选择"横排文字工具"，在"字符"面板中设置字符格式，输入文字并调整位置。再次选择"横排文字工具"，设置字符格式，然后输入文字并调整位置，如图 12-3 所示。

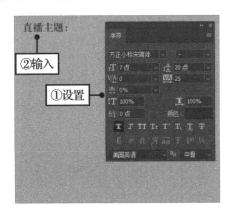
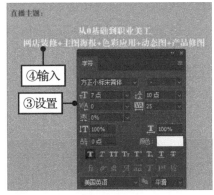

图 12-3　输入文字

按 Ctrl+O 组合键打开"打开"对话框，选择目标图像，然后单击"打开"按钮。在工具栏中选择"椭圆选框工具"，按住 Shift 键的同时在素材图像中绘制圆形选区，如图 12-4 所示。

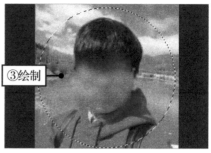

图 12-4　打开图像

选择"移动工具"，将选区中的图像移动至设计图像中，调整图像的大小与位置，然后按 Enter 键确认设置。保持"图层 2"图层的选择状态，单击"混合模式"下拉按钮，选择"正片叠底"选项，如图 12-5 所示。

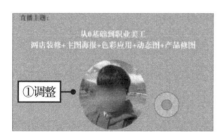

图 12-5　调整图像

选择"横排文字工具"，设置字符格式，然后输入文字并调整位置。在"图层"面板中选择多个图层，并在其上单击鼠标右键，选择"从图层建立组"命令，如图 12-6 所示。

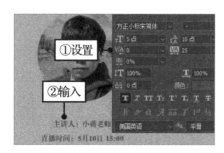

图 12-6　输入文字

打开"从图层新建组"对话框，在"名称"文本框中输入组名称，然后单击"确定"按钮将多个图层移动至新建的组中。此时，即可查看到直播讲师信息的制作效果，如图 12-7 所示。

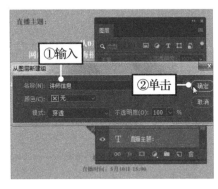

图 12-7　查看效果

12.1.2　制作讲师简介与课程大纲效果

不管是什么课程，都需要有讲师简介与课程大纲，这样才能让受众详细了解课程的相关信息，才会吸引相关人群关注，其具体制作步骤如下。

在工具栏中选择"圆角矩形工具"，设置"填充"为"浅绿色"、"描边"为"无"，然后绘制圆角矩形。选择"横排文字工具"，设置字符格式，输入文字并调整位置，如图 12-8 所示。

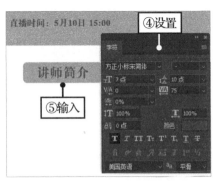

图 12-8　绘制形状并输入文字

选择"横排文字工具"，在图像中按住鼠标左键并拖动鼠标，绘制段落文字的文本框。在"字符"面板中设置字符格式，输入文字并调整文字居中显示，然后调整文本框的位置，如图 12-9 所示。

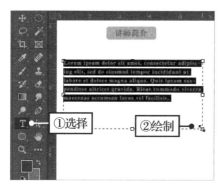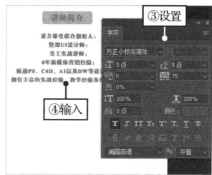

图 12-9　输入段落文字

再次选择"横排文字工具"，设置字符格式，输入段落文字并调整位置。在"图层"面板中复制圆角矩形与"讲师简介"图层，然后将复制的图层向下移动至空白处，如图 12-10 所示。

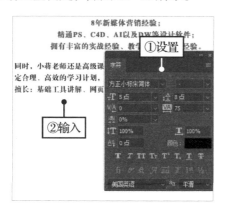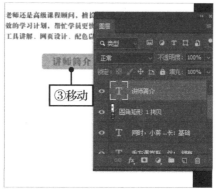

图 12-10　复制图层

在"图层"面板中双击文字图层的缩略图，然后将"讲师简介"修改为"课程大纲"，按 Enter 键确认修改。选择"横排文字工具"，设置字符格式，然后输入文字，如图 12-11 所示。

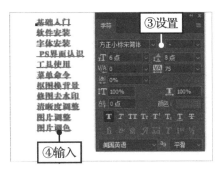

图 12-11　输入文字

选择部分文字，设置字符格式。保持文字的选择状态，选择"窗口"|"段落"命令打开"段落"面板，设置左缩进为"6 点"，如图 12-12 所示。

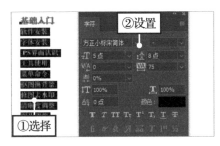

图 12-12　调整文字的段落格式

复制段落文字图层，修改图层中的文字内容，然后对多个段落文字图层的位置进行调整。新建组并将其重命名为"讲师简介与课程大纲"，将多个图层移动至该组中，如图 12-13 所示。

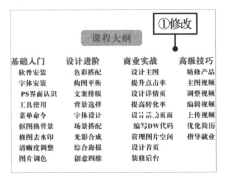

图 12-13　修改文字内容

选择"矩形工具"，设置"填充"为"无"、"描边"为"浅绿色，4像素"，然后在图像的相应位置绘制矩形形状，如图12-14所示。

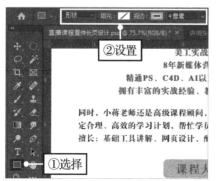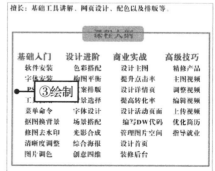

图12-14 绘制矩形形状

在"图层"面板中选择"矩形1"图层，然后将其移动至"讲师简介与课程大纲"组的下方，如图12-15所示。

图12-15 完成"讲师简介与课程大纲"的制作

12.1.3 ▶ 制作图书推荐与求关注效果

随着互联网思维概念的提出与兴起，用户体验的关注度得到进一步提升与强化。因此，想要给予用户更高的用户体验，获得更高的关注，就需要在直播课程宣传长页中添加图书推荐与求关注的相关内容，其具体制作步骤如下。

在"图层"面板中选择"圆角矩形"图层与"课程大纲"图层，按Ctrl+J组合键对其进行复制，将复制的两个图层移动至"讲师简介与课程大纲"组的上方，然后调整图层内容在图像中的位置。双击文字图层的缩览图，对文字内容进行修改，然后选择移动工具进行确认，如图 12-16 所示。

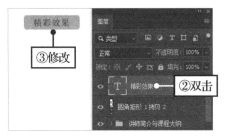

图 12-16　修改文字内容

单击"文件"菜单项，选择"置入嵌入对象"命令。打开"置入嵌入的对象"对话框，选择目标图像，然后单击"置入"按钮，如图 12-17 所示。

图 12-17　置入图像

调整置入图像的大小与位置，按 Enter 键确认设置。复制圆角矩形、矩形框与文字图层，然后将其调整至图像的空白处，如图 12-18 所示。

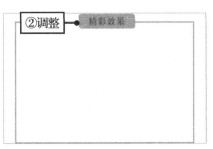

图 12-18　复制图层

修改文字内容，选择矩形边框，按 Ctrl+T 组合键使其进入变换状态，调整矩形边框的大小，按 Enter 键确认调整。按 Ctrl+O 组合键打开"打开"对话框，选择目标图像，单击"打开"按钮，如图 12-19 所示。

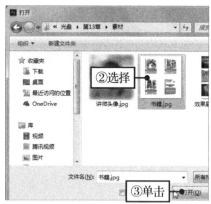

图 12-19　调整形状

在工具栏中选择"矩形选框工具"，在素材图像上绘制矩形选框创建选区，选择"移动工具"，将选区内容移动至设计图像中。调整图像的大小与位置，将其置于矩形中，按 Enter 键确认设置，如图 12-20 所示。

图 12-20　移动图像

选择"文件"|"置入嵌入对象"命令，打开"置入嵌入的对象"对话框，选择目标图像，然后单击"置入"按钮。调整图像的大小与位置，单击 Enter 键确认设置，如图 12-21 所示。

图 12-21 置入图像

选择"横排文字工具",设置字符格式,然后输入文字并调整位置。新建组并重命名为"图书推荐与求关注",将多个图层移动至该组中,如图 12-22 所示。

图 12-22 输入文字

按 Ctrl+S 组合键对图像进行保存,即可完成直播课程宣传长页的设计,效果如图 12-23 所示。

图 12-23 查看设计效果

12.2 快手直播推荐海报设计

快手最初是一款用来制作、分享 GIF 图片的手机应用，随着移动互联网技术的发展和智能手机的普及，快手从纯粹的工具应用转型为短视频社区，成为用户记录和分享生活的平台。各企业也开始利用这个热门的短视频平台，推广品牌与产品，使其成为新媒体引流的利器。

通常情况下，要想利用快手直播引流，就需要用户关注自己的直播，而直播推荐海报是很好的方式，其具体设计方法如下。

12.2.1 制作直播推荐海报背景

创意是平面设计中重要的一环，有创意往往更能吸引用户的眼球。在制作直播推荐海报背景时，同样需要注重一些技巧，从而打造富有个性的海报，其具体制作步骤如下。

按 Ctrl+O 组合键打开"打开"对话框，选择目标背景图像，然后单击"打开"按钮。单击"图像"菜单项，选择"调整"|"亮度 / 对比度"命令，如图 12-24 所示。

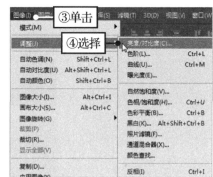

图 12-24　打开背景图像

打开"亮度 / 对比度"对话框，设置"亮度""对比度"，然后单击"确定"按钮。单击"滤镜"菜单项，选择"杂色"|"减少杂色"命令，如图 12-25 所示。

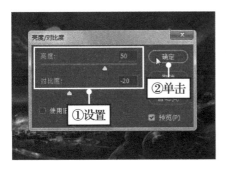
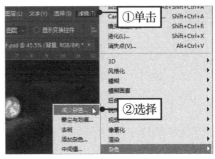

图 12-25　设置"亮度""对比度"

打开"减少杂色"对话框，设置"强度"为"6"、"保留细节"为"60%"、"减少杂色"为"45%"以及"锐化细节"为"20%"，然后单击"确定"按钮。单击"图像"菜单项，选择"调整" | "自然饱和度"命令，如图 12-26 所示。

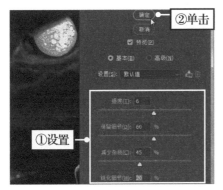

图 12-26　减少杂色

打开"自然饱和度"对话框，设置"自然饱和度""饱和度"，然后单击"确定"按钮。此时，即可查看直播推荐海报背景的制作效果，如图 12-27 所示。

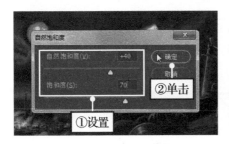
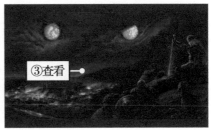

图 12-27　查看背景制作效果

12.2.2 ◀ 制作发光标题文字效果

为了让直播推荐海报更具特色，通常会在背景图像中添加一些具备发光效果的文字。此时，可以使用"文字工具"和"自由变换工具"创建基本的文字轮廓与影子，然后添加一些图层样式进行完善，其具体制作步骤如下。

选择"横排文字工具"，在"字符"面板中设置字符格式，然后输入文字并调整位置。保持文字图层的选择状态，单击"添加图层样式"下拉按钮，选择"描边"选项，如图 12-28 所示。

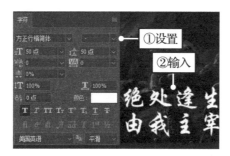

图 12-28　输入文字

打开"图层样式"对话框，在"描边"栏中依次设置"大小"为"8 像素"、"位置"为"外部"、"混合模式"为"正常"、"不透明度"为"100%"以及"颜色"为"黑色"，从而为文字添加描边效果，如图 12-29 所示。

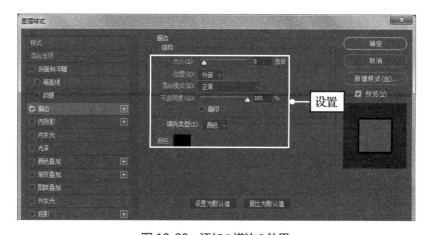

图 12-29　添加"描边"效果

选中"外发光"复选框，设置"不透明度"为"50%"、"颜色"为"白色"、
"扩展"为"0"以及"大小"为"60 像素"，然后单击"确定"按钮为文字
添加外发光效果，如图 12-30 所示。

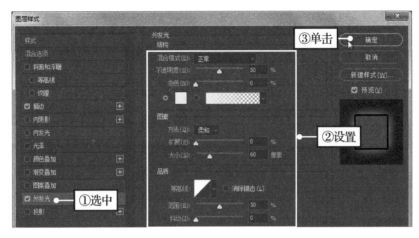

图 12-30　添加"外发光"效果

按 Ctrl+O 组合键打开"打开"对话框，选择目标图像，然后单击"打开"
按钮。单击"图像"菜单项，选择"调整"|"曲线"命令，如图 12-31 所示。

图 12-31　打开图像

打开"曲线"对话框，拖动曲线对曲线效果进行设置，然后单击"确定"
按钮。单击"图像"菜单项，选择"调整"|"自然饱和度"命令，如图 12-32
所示。

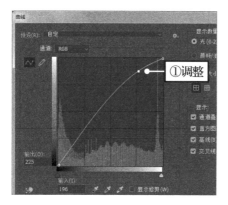 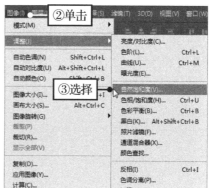

图 12-32　调整"曲线"

打开"自然饱和度"对话框，设置"自然饱和度""饱和度"，然后单击"确定"按钮。按 Ctrl+A 全选素材图像，按 Ctrl+C 组合键复制图像，切换至设计图像中，按 Ctrl+V 组合键粘贴图像，调整图像的大小与位置，如图 12-33 所示。

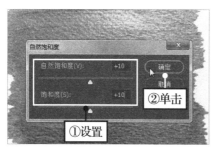 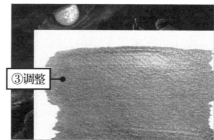

图 12-33　设置"自然饱和度"

选择"图层 1"图像，并在其上单击鼠标右键，选择"创建剪贴蒙版"命令创建一个剪贴蒙版。此时，即可查看发光标题文字效果，如图 12-34 所示。

图 12-34　"创建剪贴蒙版"

12.2.3　制作海报立体按钮效果

海报的质感和美观程度会直接影响点击率与推广效果，提升海报的阅读量就从"按钮"这样的小细节开始。通常情况下，立体按钮具有更好的视觉效果，不过使用平面图不好呈现，此时可以通过颜色的渐变效果以实现视觉的立体效果，其具体制作步骤如下。

选择"矩形工具"，在工具选项栏中单击"填充"按钮，选择"渐变"选项。设置"描边"为"无"，然后在图像中绘制矩形，如图 12-35 所示。

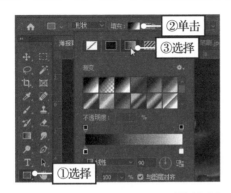 

图 12-35　绘制矩形

选择"窗口"|"样式"命令打开"样式"面板，在面板中选择"雕刻天空（文字）"选项。在"图层"面板中保持"矩形 1"图层的选择状态，单击"添加图层样式"下拉按钮，选择"渐变叠加"选项，如图 12-36 所示。

 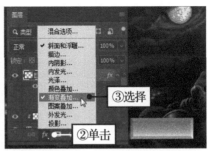

图 12-36　为形状添加样式

打开"图层样式"对话框，在"渐变叠加"栏中单击"点按可编辑渐变"

按钮。打开"渐变编辑器"对话框，选择"紫，橙渐变"选项，然后单击"确定"
按钮，如图 12-37 所示。

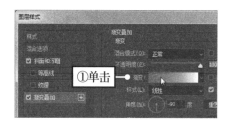
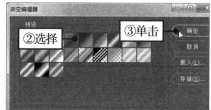

图 12-37　设置"渐变"样式

返回"图层样式"对话框，选择"斜面和浮雕"选项，在"大小"文本框
中输入"8"。在对话框左下角单击"添加图层样式"下拉按钮，选择"描边"
选项，如图 12-38 所示。

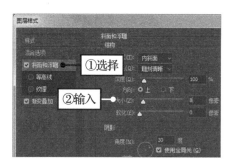

图 12-38　设置"斜面和浮雕"效果

在"描边"栏中设置"大小"为"1 像素"、"不透明度"为"100%"以及"颜
色"为"黑色"，然后单击"确定"按钮，如图 12-39 所示。

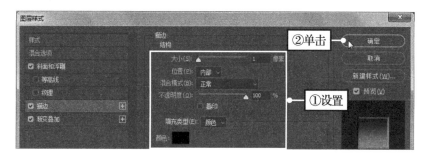

图 12-39　设置"描边"效果

选择"横排文字工具"，设置字符格式，输入文字并调整位置。通过"置入嵌入对象"命令，置入标志素材图像并调整图像的大小与位置，如图 12-40所示。

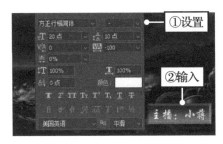 

图 12-40　置入图像

按 Ctrl+S 组合键保存图像，即可完成直播推荐海报的设计，效果如图 12-41所示。

图 12-41　查看设计效果

12.3　荔枝微课音频课堂主图设计

荔枝微课是一款基于微信直播的大众知识分享平台，每个用户都可以随时随地开课分享，也可以听课学习。其中，荔枝微课拥有大批明星讲师与用户分享经验知识，丰富的教课形式让用户更容易掌握知识。支持多人在线，通过新媒体运营帮助优秀讲师包装宣传，为讲师引流，打开粉丝共享通道。

本例为一个养猫教程的音频课堂主图效果，采用精致的小猫图片作为主图背景，让课程内容更加直观，同时搭配好看的文字边框以突出课堂的主题。

12.3.1 制作音频课堂主图背景效果

随着教育方式的不断扩展，人们逐渐意识到学习不仅仅是坐在教室听老师授课，还可以通过音视频自主学习。与视频课堂比较，音频课堂没有那么直观，为了吸引受众的注意力，在设计音频课堂主图时更应注重主图背景的制作，其具体制作步骤如下。

按 Ctrl+O 组合键打开"打开"对话框，选择背景图像并将其打开。在工具栏中选择"裁剪工具"，设置裁剪比例为"720×410"，如图 12-42 所示。

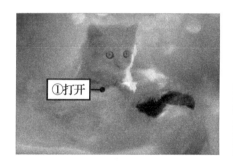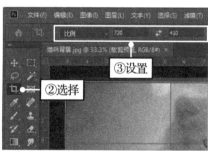

图 12-42　打开图像

移动图像，对裁剪区域进行调整，然后按 Enter 键确认裁剪，从而使图像比例适合音频课堂主图背景的大小，如图 12-43 所示。

图 12-43　裁剪图像

单击"图像"菜单项,选择"调整"|"亮度/对比度"命令。打开"亮度/对比度"对话框,设置"亮度""对比度",单击"确定"按钮,如图12-44所示。

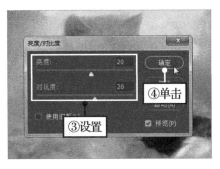

图 12-44 设置"亮度""对比度"

单击"图像"菜单项,选择"调整"|自然饱和度"命令。打开"自然饱和度"对话框,设置"自然饱和度""饱和度",然后单击"确定"按钮,如图12-45所示。

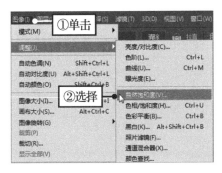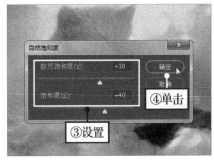

图 12-45 设置"自然饱和度"

12.3.2 制作音频课堂主图文字效果

音频课堂的主图文字主要是对当前的课程进行描述,让受众对其产生兴趣,同时可以添加一些要素对文字进行美化,如边框、直线等,其具体制作步骤如下。

在工具栏中选择"矩形工具",设置"填充"为"无"、"描边"为"浅橙色,30 像素",然后在图像中绘制矩形形状。选择"椭圆工具",设置"填充"为"浅黄色"、"描边"为"无",然后在图像中绘制圆形形状,如图12-46所示。

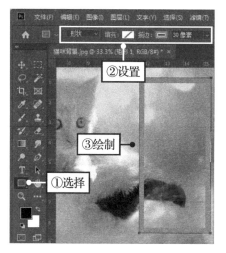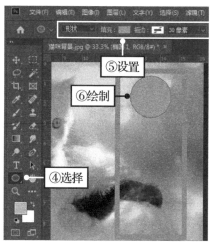

图 12-46　绘制形状

新建空白图层，选择"直线工具"，设置"填充"为"黑色"、"描边"为"无"以及"粗细"为"10 像素"，在矩形形状内绘制直线。保持"形状 1"图层的选择状态，单击"添加图层样式"下拉按钮，选择"描边"选项，如图 12-47 所示。

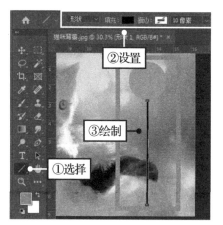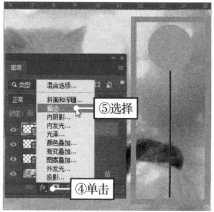

图 12-47　绘制直线

打开"图层样式"对话框，在"描边"栏中设置"大小"为"10 像素"、"位置"为"外部"、"不透明度"为"50%"以及"颜色"为"浅黄色"，然后单击"确定"按钮，如图 12-48 所示。

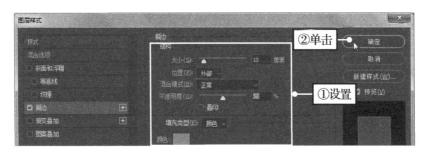

图 12-48 为直线添加"描边"效果

选择"横排文字工具",在"字符"面板中设置字符格式,然后输入文字并调整位置。选择"直排文字工具",设置字符格式,在矩形形状内输入文字并调整位置,如图 12-49 所示。

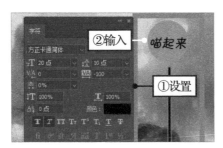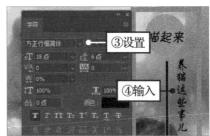

图 12-49 输入文字

复制直排文字图层,将其移动至合适的位置,然后对文字内容与字符格式进行修改。选择"置入嵌入对象"命令,将标志图像置入设计图像中,并调整其大小与位置,完成后按 Enter 键确认,如图 12-50 所示。

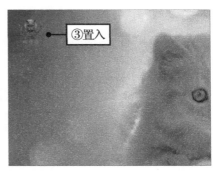

图 12-50 修改文字

按 Ctrl+S 组合键保存图像，即可完成音频课堂主图的设计，效果如图 12-51 所示。

图 12-51　查看设计效果

12.4 　喜马拉雅播放主页封面设计

喜马拉雅 FM 是国内发展最快、规模最大的在线移动音频分享平台，为用户提供海量的原创音频内容。喜马拉雅 FM 手机版是国内最大的原创声音分享平台，数千位声音玩家每天发布数千条声音，吸引了大量热爱用声音传递和分享内容的用户。

本例的主要目的是制作一个 Photoshop 图像设计与制作的音频播放主页封面效果，在新媒体音频平台中对书籍进行宣传，利用试听的方式吸引用户注意力，同时展示书籍的要点内容，以刺激更多用户的购买欲望。

12.4.1 　制作播放主页封面背景效果

随着科技的不断发展，手机已经成为人们日常生活中必不可少的工具，而音频也越来越火，使用手机听音频的人越来越多。因此，制作一个精致的播放主页封面背景，更容易吸引用户的目光，其具体制作步骤如下。

选择"文件"|"新建"命令打开"新建文档"对话框，设置文档"名称""宽度""高度""分辨率""颜色模式"以及"背景内容"，然后单击"创建"按钮。设置前景色为深蓝色，新建空白图层，按 Alt+Delete 组合键填充前景色，如图 12-52 所示。

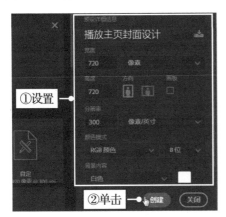
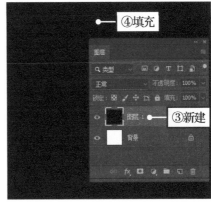

图 12-52　新建文档

打开"打开"对话框，选择目标图像，然后单击"打开"按钮。将素材图像复制至设计图像中，调整素材图像的大小与位置，如图 12-53 所示。

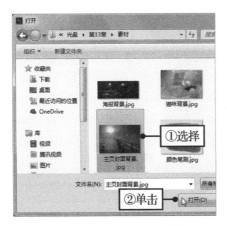

图 12-53　调整图像

选择"滤镜"|"Camera Raw 滤镜"命令，打开"Camera Raw"对话框，在右侧的"基本"选项卡中设置"色温"为"15"、"色调"为"30"，从而

调整素材图像的白平衡效果，如图 12-54 所示。

图 12-54　调整图像的"白平衡"效果

设置"曝光"为"-0.50"、"对比度"为"20"、"高光"为"-50"、"阴影"为"50"、"白色"为"30"以及"黑色"为"-60"，从而调整画面的明暗效果，如图 12-55 所示。

图 12-55　调整图像的"明暗"效果

设置"清晰度"为"-20"、"自然饱和度"为"50"以及"饱和度"为"20"，以降低画面清晰度并增强色彩，如图 12-56 所示。

图 12-56　调整图像的"清晰度"效果

单击"分离色调"选项卡，在"高光"栏中设置"色相"为"40"、"饱和度"为"30"，从而对高光区域的色彩进行调整，如图 12-57 所示。

图 12-57　调整图像的"高光"色彩效果

单击"镜头校正"选项卡，在"晕影"栏中设置"数量"为"18"，从而调整画面的暗角效果，单击"确定"按钮应用 Camera Raw 效果，如图 12-58所示。

图 12-58　调整图像的暗角效果

12.4.2 制作播放主页封面主体效果

播放主页封面的内容有很多，而本例中的书籍及描述文字则是主体要素，其具体制作步骤如下。

在工具栏中选择"矩形工具"，设置"填充"为"无"、"描边"为"白色，4像素"，然后在图像中绘制矩形形状。按Ctrl+O组合键打开"打开"对话框，选择目标图像，单击"打开"按钮，如图 12-59 所示。

图 12-59　绘制矩形

选择"移动工具"将素材图像移动至设计图像中，调整素材图像的大小与位置。选择"钢笔工具"，在素材图像的白色背景上创建路径，并在其上单击鼠标右键，选择"建立选区"命令。打开"建立选区"对话框，在"羽化半径"文本框中输入"0.5"，然后单击"确定"按钮创建选区，如图 12-60 所示。

图 12-60　创建选区

按 Delete 键删除选区内容，然后按 Ctrl+D 组合键取消选区。选择"矩形选框工具"，在书籍的正面创建选区并复制图像，将复制的图像向下移动至合适的位置，按 Ctrl+T 组合键使图像进入变换状态，然后在其上单击鼠标右键，选择"垂直翻转"命令，如图 12-61 所示。

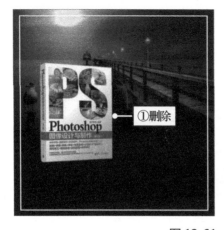

图 12-61　翻转图像

在变换的图像上单击鼠标右键，在弹出的快捷菜单中选择"斜切"命令。将鼠标光标移动至图像的控制点上，调整图像的角度，然后按 Enter 键确认设置，如图 12-62 所示。

图 12-62　斜切图像

保持"图层 4"图层的选择状态，设置"填充"为"50%"，然后单击"添加图层蒙版"按钮为其添加图层蒙版。选择"渐变工具"，设置"渐变"为"黑，白渐变"、"渐变类型"为"线性渐变"以及"不透明度"为"100%"，在蒙版中从下至上进行填充，如图 12-63 所示。

图 12-63　通过"渐变工具"制作倒影效果

以相同方法复制书籍的背脊，然后调整其位置并添加图层蒙版，为背脊制作倒影效果。选择"横排文字工具"，设置字符格式，然后输入文字并调整位置，如图 12-64 所示。

图 12-64　输入文字

选择"矩形工具"，设置"填充"为"深黄色"、"描边"为"无"，在图像中绘制两个矩形并调整位置。选择"自定义形状工具"，设置"形状"为"箭头 12"，然后绘制箭头并调整位置，如图 12-65 所示。

图 12-65　绘制形状

选择"横排文字工具"，设置字符格式，输入文字并调整格式。新建空白图层，选择"直线工具"，设置"粗细"为"4 像素"，然后绘制直线并调整位置，如图 12-66 所示。

图 12-66　绘制直线

　　选择"横排文字工具"，设置字符格式，输入文字并调整位置。然后以相同方法绘制直线与输入文字，并调整位置，如图 12-67 所示。

图 12-67　输入文字

　　按 Ctrl+S 组合键保存图像，即可完成播放主页封面的设计，效果如图 12-68 所示。

图 12-68　查看设计效果